ARONIA

Unentdeckte Heilpflanze

Bibliografische Information der Deutschen Bibliothek
Die Deutsche Bibliothek verzeichnet diese Publikation
in der Deutschen Nationalbibliografie.
Detaillierte bibliografische Daten sind im Internet unter
http://www.d-nb.de abrufbar.

2., aktualisierte, erweiterte und verbesserte Auflage
© 2010 bei edition buntehunde GdbR, Regensburg
www.editionbuntehunde.de

Alle Rechte vorbehalten!
Nachdruck oder Vervielfältigung jeglicher Art,
auch auszugsweise, nur mit schriftlicher
Genehmigung des Verlags.

Lektorat und Redaktion: Herbert Wittl
Satz: modern Art, Regensburg
Druck und Bindung: Druck Team KG, Regensburg

Printed in Germany

ISBN 978-3-934941-60-1

Sigrid Grün / Jan Neidhardt

ARONIA

Unentdeckte Heilpflanze

Regensburg 2010

edition buntehunde

*Für Valentin
und
Friederike*

Inhalt

1. Aronia. Heilkraft vor der Haustür 6
2. Unbekannte Schwester der Eberesche 8
3. Herkunft und Verbreitung. Ein langer Weg über Kontinente 12
4. Die Aronia in Europa 15
5. Medizinische Nutzung. Warum ist die Aronia so gesund? 30
6. Wissenschaft und Forschung. Medizinische Wirksamkeit 43
7. Die Kultivierung der Aronia. Schön und anspruchslos 47
8. Gesunde und schmackhafte Aronia. Produkte und Rezepte 53
9. Glossar 63
10. Literatur 67
11. Bezugsquellen, Plantagen, Initiativen 68
12. Quellenverzeichnis: Literatur, Internet 70
13. Rezepte- und Bildnachweis, Dank 73
14. Autorenportrait 74

1. Aronia – Heilkraft vor der Haustür

Als Ende 2007 die Erstauflage unseres Buches „Aronia – Unentdeckte Heilpflanze" erschien, war die Aronia nur wenigen Menschen in den deutschsprachigen Ländern ein Begriff. Im Laufe der Jahre, hat sich allerdings viel getan. Mittlerweile gibt es in Deutschland mehrere Aroniaplantagen – in Ost und West. Auch in Österreich und in der Schweiz hat die schwarz-blaue Frucht enorm an Bekanntheit gewonnen. Die Anbauflächen wurden aufgrund der wachsenden Nachfrage vergrößert, das Produktangebot stetig erweitert. Gerade die Debatte um Globalisierung und Klimaschutz hat das Interesse an Ressourcen, die vor Ort verfügbar sind, gesteigert. Hier geht es nicht um eine exotische Heilpflanze, die vom anderen Ende der Welt importiert werden muss und deren Anbau die Ausbeutung lokaler Arbeitskräfte und den Raubbau an der Natur im Herkunftsland nach sich zieht. Die Aronia gedeiht hervorragend in Europa, vor allem auch im heimischen Garten. Die Erntemenge von etwa sieben Pflanzen ist so groß, dass man den Eigenbedarf decken kann. Die Pflanze ist weder teuer noch anspruchsvoll und damit auch optimal für Menschen geeignet, die nicht viel Zeit für aufwändige Gartenarbeiten haben. Blüten und Beeren locken viele verschiedene Tiere an, die das Bodenleben bereichern, und bieten zahlreichen Insekten und Vögeln einen Lebensraum.

Der Mensch profitiert in mehrfacher Hinsicht von der robusten Pflanze. Im Frühjahr blüht die Apfelbeere, wie die Aronia auch genannt wird, wunderschön, im Spätsommer können die Früchte mit den wertvollen Inhaltsstoffen geerntet werden, im Herbst strahlen die leuchtend-roten Blätter. In den vergangenen Jahren hat sich auch die Forschung in Deutschland mit der Aronia beschäftigt und ist im Rahmen verschiedener Studien zu zahlreichen neuen Erkenntnissen gelangt. Auch davon wird in diesem Buch ausführlich die Rede sein.

Die Arbeit an der Zweitauflage – die notwendige Aktualisierung und Erweiterung

– hat uns besonders viel Freude bereitet, weil wir mit verschiedenen Menschen, die sich mit der Aronia beschäftigen, ins Gespräch gekommen sind, sei es in Sachen Anbau und Weiterverarbeitung oder im Rahmen von Forschungstätigkeiten. Es war faszinierend mitzuerleben, wie rasch die Aronia von sich reden machte. Auch unser Buch, das erste deutschsprachige zur Aronia überhaupt, hat zu dieser Dynamik beigetragen und wurde mittlerweile von vielen Medien besprochen und empfohlen. Wir sind gespannt, wie sich diese Entwicklung fortsetzen wird und ob die als Frage formulierte Vermutung des Lebensmittelchemikers Dr. Victor Veciz Ara sich bestätigen wird: „Schwarzfruchtige Aronia – Gesund und bald in aller Munde?" Dann nämlich müssten wir eine Änderung des Untertitels unseres Buches „Unentdeckte Heilpflanze" erwägen.

Im Frühjahr 2010

Sigrid Grün und Jan Neidhardt

2. Unbekannte Schwester der Eberesche

Was haben Apfel, Himbeere, Eberesche und Aronia gemeinsam? Sie gehören alle der Familie der Rosengewächse (Rosaceae) an. Vertreter dieser für die nördliche Erdhalbkugel charakteristischen Familie gedeihen auch in unwirtlichen Gegenden und finden sogar Verbreitung bis nach Island und Nordskandinavien. Auch in den Tropen und Subtropen findet man Rosaceen vor. Dort wachsen sie allerdings in Gebirgen und auf Hochebenen, da sie ein gemäßigtes bis kühles Klima bevorzugen. Beinahe alle unsere Kulturobstarten und deren Wildformen gehören dieser großen Familie an. Die Rosengewächse tragen bis auf wenige Ausnahmen fünfblättrige Blüten. Ein weiteres Merkmal ist die Anzahl der Staubgefäße, die meist ein Vielfaches von fünf beträgt. Die Früchte unterscheiden sich oft erheblich. Von Stein- über Apfelfrüchten, bis hin zu Balgfrüchten (Beeren) und Nüsschen sind alle Formen vertreten.

Von allen Wildobstarten dürfte die Eberesche oder Vogelbeere in unseren Breiten die wohl bekannteste sein, ist sie doch sehr häufig anzutreffen. Bis heute rankt sich vor allem im europäischen Raum eine reiche Überlieferung um diesen Baum. In Märchen, Liedern und Sprichwörtern findet die bei uns weit verbreitete Pflanze reichlich Erwähnung.

Ihre orangefarbenen bis scharlachroten Früchte sind ab Ende August ein auffälliger und schöner Blickfang in Parks und Gärten. Aber auch auf Brachflächen, in Lichtungen und an Waldrändern kommt die Vogelbeere häufig vor, da die Frucht gerne von Vögeln verzehrt wird und der Samen durch ihren Kot eine weite Verbreitung erfährt. Roh sind die Früchte für den Menschen nicht giftig, schmecken allerdings sehr herb. Der Gehalt an Parasorbinsäure wirkt im Übermaß abführend. Als Marmelade, Likör oder Schnaps ist die Vogelbeere aber eine wohlschmeckende Delikatesse.

Bild: Die „Schwestern" Aronia und Eberesche.

Weniger bekannt als die Vogelbeere ist die Aronia. Auch sie gehört den Rosaceen an und ist im Grunde genommen gar nicht so selten. In vielen Parks und Gärten ist das bis zu drei Meter hohe Gehölz anzutreffen. Hierzulande ist die Aronia aber nahezu unbekannt, da sie fast ausschließlich als Zierstrauch kultiviert wird.

Ihre geringe Bekanntheit ist mit Sicherheit auch auf die Tatsache zurückzuführen, dass es bei uns keinerlei Traditionen um diesen Strauch gibt. Dies liegt vor allem daran, dass es sich bei der Aronia um eine erst im Verlauf der letzten hundert Jahre aus Nordamerika importierte Art handelt und sie hier fast ausschließlich in gezüchteter Form vorkommt.

Die längste Zeit des Jahres ist die Apfelbeere ein eher unscheinbares Gewächs. Im Herbst jedoch erstrahlen die Blätter in einem intensiven Rot. Diese auffällige Herbstfärbung kommt durch einen sehr hohen Gehalt an sogenannten Anthocyanen zustande. Auch die Früchte enthalten diesen Pflanzenfarbstoff in hohem Maße. Dadurch kommt es bei ihnen zu der charakteristisch schwarzblauen Färbung, die man zum Beispiel auch von Auberginen, Brombeeren und roten Weintrauben kennt.

Der Name Apfelbeere, ist eigentlich eine irreführende Bezeichnung, da die Aronia – botanisch gesehen – zu den Kernobstgewächsen (Maloideae), nicht zu den Beerenfrüchten gehört, aber wegen der sehr kleinen Samen nicht entkernt werden muss. Die Verwendung beider Bezeichnungen ist allerdings weitgehend üblich, obwohl es auch zu Irritationen kommen kann, wenn unter dem Begriff Apfelbeere vielerorts nicht selten die Ziersträucher der Aronia angeboten werden. Deren Früchte sind nämlich qualitativ nicht vergleichbar mit denen der Kultur-Sorten der Art Aronia melanocarpa.

Die typische Doldenblüte der Aronia blüht etwa zehn Tage.

Der Querschnitt durch die Früchte lässt das Kernhaus gut erkennen.

Die Blätter des Strauches sind glänzend tiefgrün und lederartig. Sie sind eiförmig und am Blattgrund, also dort, wo der Blattstiel ansetzt, keilförmig, etwa drei bis sieben Zentimeter lang und einen bis vier Zentimeter breit. Im Gegensatz zu Apfelblättern haben sie eine glatte Oberfläche. Im Mai sind die Blätter fertig ausgetrieben. Erst dann erscheinen die Blüten. Sie sind etwa zwölf Millimeter breit und rein weiß. In ihrem Aussehen ähneln sie den Apfelblüten, sind aber kleiner. Von dieser Ähnlichkeit leitet sich auch der Name „Apfelbeere" ab. Die Blüten sind zu Doldentrauben angeordnet. In einem Blütenstand befinden sich meist 15 bis 20, vereinzelt sogar über 30 Einzelblüten. Die Blühdauer einer einzelnen Dolde beträgt etwa zehn, die der Einzelblüte etwa fünf Tage. Die Blüten ähneln in ihrem Geruch den Ebereschenblüten. Der Pollen kann die eigenen Blüten befruchten (Selbstbefruchtung). Aber auch Insekten tragen zur Weiterverbreitung bei. Vor allem Bienen suchen die Blüten gerne auf. Bei warmem Wetter werden 80 bis 90 Prozent der Blüten zu Früchten. Ist der Sommer eher verregnet und kühl, schaffen es immer noch 45 bis 50 Prozent. Damit gehört die Aronia zu den klimatisch anspruchslosen Gehölzen, die trotz widriger Bedingungen noch hohe Erträge liefern können.

Die Reifezeit der Früchte beträgt etwa 80 bis 100 Tage. Zunächst sind sie grün, um sich nach einigen Wochen purpurrot zu färben. Die reifen Beeren sind violettschwarz, klein und von der Form her den Vogelbeerfrüchten ähnlich. Im Durchschnitt haben sie einen Durchmesser von sechs bis 13 Millimeter. Das Gewicht des Fruchtfleisches (Fruchtmasse) beträgt ein bis anderthalb Gramm pro Beere. Außen ist die Aroniabeere zumeist von einer anfangs weißlichen Wachsschicht umhüllt, ohne diese Schicht glänzen die Früchte wie lackiert. Das Fruchtfleisch ist intensiv rubinrot, süß, aber durch den hohen Gerbstoffgehalt adstringierend, d.h.

Aronia-Zeichnung aus Michurins Buch „Ergebnisse 60-jähriger Forschung", 1949 in Moskau veröffentlicht, hier: „Tabelle XII, Michurins Dessert-Eberesche".

141. Гибридная рябина Гранатная.

Aronia-Zeichnung mit Maßstab, aus Michurins Buch.

zusammenziehend. Ihre amerikanische Bezeichnung *chokeberry* – Würgebeere, verdankt sie diesem herben Geschmack. Nichtsdestotrotz lieben Vögel die reifen Beeren als Nahrungs-, Vitamin- und Kraftspender. Die Frucht verfügt weder über Samenkammern - wie etwa der Apfel mit seinem Kernhäuschen - noch über Steinzellen, wie beispielsweise die Birne.
Aufgrund des dekorativen Wertes von Blüten, Früchten und Herbstlaub, erhielt die Aronia 1972 eine Auszeichnung der *Royal Horticultural Society* in England.

Folgende Arten der Aronia sind bekannt:
- *Aronia melanocarpa*, die von russischen Forschern meist als *Aronia michurinii* bezeichnet wird,
- *Aronia arbutifolia*, die auch Zwergvogelbeere genannt wird, früher blüht und scharlachrote Früchte trägt, die erst im Oktober reifen

sowie die Kreuzung aus diesen beiden Arten
- *Aronia prunifolia* (pflaumenblättrige Aronia), die bis zu vier Meter hoch werden kann und deren Früchte purpur bis purpurschwarz sind.

Daneben gibt es noch zwei Kreuzungen aus den Gattungen Aronia und Eberesche, sogenannte Gattungshybriden:
- *Sorbaronia dippelii (Aronia melanocarpa x Sorbus aria),* die als Strauch oder kleiner Baum mit schwärzlichroten Früchten vorkommt, und
- *Sorbaronia sorbifolia (Aronia melanocarpa x Sorbus americana),* die braunrote Früchte trägt.

Die wichtigsten gezüchteten Sorten finden Sie im Kapitel 7.

Im Elbtal – Wunderschöne Herbstfärbung der Aronia-Blätter in satten Rottönen.

3. Herkunft und Verbreitung. Ein langer Weg über Kontinente

Ursprünglich stammt die Aronia aus dem Osten Nordamerikas und ist verbreitet von Kanada im Norden bis zur südlichen Spitze Floridas, wo sie vor allem bei den Ureinwohnern sehr beliebt war. Getrocknet und mit anderen Beeren vermischt, wurde sie unter anderem als Bestandteil des Pemmikan verwendet. Pemmikan ist eine Art Kraftriegel der Indianer, der aus Dörrfleisch, Fett und getrockneten Beeren besteht und als Reiseproviant und Notration diente.
In der Mythologie der Ho-Chunk, einem Stamm der Sioux-Sprachfamilie, existiert ein Märchen, „The chokeberry wildcat" (manchmal auch „The chokecherry wildcat"), in dem die Aronia vorkommt. Ein Jäger beschießt eine Wildkatze mit Apfelbeerkernen, da ihm die Munition ausgegangen ist. Ein Jahr später trifft er auf einen Aroniastrauch, der wie ein Tier umherschleicht. Er schießt auf den Busch und stellt anschließend fest, dass es sich um die Wildkatze vom Vorjahr handelt, auf deren Kopf nun ein Apfelbeerstrauch gewachsen ist.
Auf bislang noch ungeklärtem Wege soll die Aronia nach Deutschland gelangt sein, um von dort um 1900 von Iwan Wladimirowitsch Michurin nach Russland gebracht zu werden. Dieser Annahme widersprechen allerdings Dr. Wesselin Denkow und Dr. Rumjana Denkowa in ihrem Buch „Obst als Heilmittel und Kosmetikum". Sie gehen davon aus, dass die Aronia bereits 1834 in Russland angekommen ist.
Michurin (1855-1935) verstand es, die Aronia mit allerlei anderen Obstsorten zu kreuzen. Er war ein russischer Botaniker und Pflanzenzüchter, der nach frostresistenten Obstsorten für das kontinentale Klima Russlands suchte. Es gelang ihm, über 300 Sorten zu züchten, die den Obstbau in großen Teilen Russlands überhaupt erst ermöglichten. Von Kreuzungsexperimenten der Aronia mit *Sor-*

bus (Eberesche) und *Mespilus* (Mispel) erhoffte er sich die Züchtung einer süßen Vogelbeere.

So entstanden die schwarzfrüchtigen Ebereschen (*Sorbus melanocarpa*). Zugleich entdeckte er auch die hohe Frosthärte der Aronia und ihre hervorragende Eignung als Wirtschaftsobst. 1935 gelangte die Aronia durch einen Schüler Michurins in das Altai-Gebiet im russischen Teil Zentralasiens, wo bei Gorno Altaisk die erste Beobachtungspflanzung entstand. Bald nahm man sie aufgrund guter Erfahrungen in das Sortiment der empfohlenen Obstarten für den Altai-Kreis auf.

1946 wurde sie somit eine anerkannte Kulturpflanze. Damit begann ihr Aufstieg. Die Pflanze verbreitete sich rasch über das ganze Gebiet der Sowjetunion und fand auch Eingang in die Kleingärten der Selbstversorger, vor allem auch in den kälteren Regionen Russlands. In den 1970er Jahren wurde die Aronia in der Sowjetunion zur Heilpflanze erklärt. Damit gesellte sie sich zu Arten wie Sanddorn, Berberitze, Felsenbirne und Weißdorn. Auch heute noch wird die Frucht vor allem im ehemaligen Ostblock zur Herstellung von blutdrucksenkenden und gefäßstabilisierenden Arzneimitteln verwendet. Ab Mitte der 1960er Jahre gab es in der westsibirischen Stadt Bijsk ein Vitaminwerk, das über dreißig Jahre lang Präparate aus Aronia herstellte. Bis heute wird sie unter anderem auch zur Produktion des gefäßstabilisierenden Medikaments Ascorutin verwendet.

Von der Sowjetunion aus gelangte die Aronia zunächst in zahlreiche osteuropäische Staaten wie Bulgarien, Rumänien, die Tschechoslowakei, Polen, Ungarn und die DDR. Vermutlich über das Baltikum erreichte sie bald auch Skandinavien. Dort wurde die Pflanze durch zahlreiche Züchtungsbemühungen den örtlichen Gegebenheiten angepasst.

I.W. Michurin: Ergebnisse 60-jähriger Forschung. OGIZ Staatlicher Verlag für landwirtschaftliche Literatur, Moskau 1949.

Der russische Obstbaupionier Iwan Wladimirowitsch Michurin (1855 – 1935).

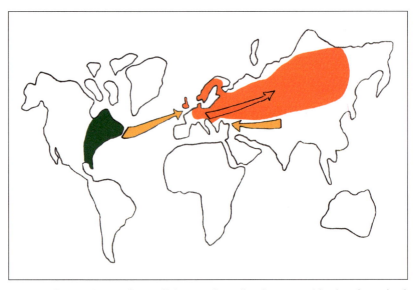

Der Weg der Aronia: Aus dem östlichen Nordamerika über Deutschland nach Russland und zurück.

Bezeichnungen für die Aronia in anderen Sprachen

Englisch: . . . . Chokeberry
Französisch:. . . . . Aronia
Dänisch: . . . . Surbær
Niederländisch: . . Appelbes
Russisch: . . . . Aronija, Rjabina chernaplodnaja
Bulgarisch:. . . . . . Chernoplodnaja skorusha
Polnisch: . . . . Aronia czarna
Rumänisch: . . . . . Scorus cu fructe negre
Tschechisch: . . . . Temnoplodec černoplodý
Finnisch: . . . . Aroniat
Ungarisch:. . . . . . Fekete törpeberkenye
Litauisch:. . . . . . . Aronija

4. Die Aronia in Europa

In **Deutschland** gab es bis vor einigen Jahren nur drei größere Aronia-Plantagen, die alle in **Sachsen** liegen. Die Anlage in Coswig bei Meißen ist immer noch das größte zusammenhängende Anbaugebiet hierzulande. Eine kleinere Bioplantage befindet sich in der Nähe von Stolpen. Die älteste Plantage liegt bei Schirgiswalde, in der Nähe der sächsischen Stadt Bautzen. Hier wird die Aronia seit 1975 offiziell angebaut, zu DDR-Zeiten in der GPG Berglandobst, danach im Betrieb „Obsthof Stolle". Seit 2009 läuft der Bio-Aroniaanbaubetrieb unter dem Namen „Bio Aronia GbR Schirgiswalde". Zur Zeit beträgt die Anbaufläche 14,94 Hektar. Der Plantagenbesitzer Bernhard Stolle kultiviert außerdem Äpfel, Erdbeeren und Süßkirschen.

Die Anfänge des Aronia-Anbaus in **Schirgiswalde** reichen bis in die 1970er Jahre zurück. Im Rahmen des Obstbauprogrammes der DDR war es von staatlicher Seite für den damals bestehenden Betrieb, die „Gärtnerische Produktionsgenossenschaft" GPG Berglandobst Schirgiswalde, vorgegeben, 20 Hektar Edelebereschen anzubauen. Die Verarbeitung der Früchte sollte in einem Betrieb in Sohland, einem Nachbarort von Schirgiswalde, erfolgen. Der dortige Betriebsleiter teilte aber den Verantwortlichen der Plantage mit, dass er eine bessere Alternative zu *Sorbus* (Eberesche) kenne. Und so fuhr man in die damalige ČSSR, um Aronia zu begutachten. Dies war – etwa um 1972 – der entscheidende Impuls zum Aronia-Anbau in Schirgiswalde. Von tschechischer Seite wurden dann auch Reiser, also zur Veredelung benötigte Zweige, geschickt. Der Zoll in Dresden ließ diese allerdings so lange liegen, bis sie vertrocknet und damit völlig unbrauchbar waren. Veredelt wurde dann aber trotzdem, nachdem die Frauen der damaligen leitenden Mitarbeiter der GPG die nötigen Zweige in ihren Reise-Handtaschen

Bild: Die Aronia-Anpflanzung in Schirgiswalde auf Hochstämmen.

auf etwas ungewöhnliche Art, vom Zoll unbemerkt, in die DDR „eingeführt" hatten. Die Planwirtschaft der DDR hatte die Verwendung der Aronia-Ernte komplett vorgeschrieben (bilanziert). Vor allem wurden daraus Produkte für den Verkauf im Rahmen des damaligen Delikat-Programmes hergestellt. Das waren z.B. eine Fruchtsoße, ein Rahm-Dessert (Fruchtjoghurt), ein Aronia-Schaumwein oder Likör. Solcherlei Spezialitäten konnte man in den normalen Lebensmittelläden praktisch nicht kaufen. Die DDR-Handelskette „Delikat" führte Waren des gehobenen Bedarfs, vor allem besondere Nahrungs- und Genussmittel aus DDR-Produktion.

Seit der Wende war die Nachfrage nach Aronia bei Stolle rückläufig. 2006 sind auf der Plantage in Schirgiswalde etwa 80% der Beeren, also ca. 60 Tonnen an den Bäumen hängen geblieben.

Wie ist das möglich, obwohl die Aronia anscheinend immer populärer wird? Der Konkurrenzdruck, der von osteuropäischen Ländern ausgeht, ist groß, in Deutschland kann man nicht zu deren Preisen produzieren, zumal hier wohl auch die allgemeine Nachfrage auf relativ niedrigem Niveau momentan bestenfalls stagniert. Da aber der Bio-Anbau staatlich gefördert wird, hat Bernhard Stolle den Betrieb zwischen 2006 und 2008 umgestellt. Seit 2009 firmiert nun der ehemalige „Obsthof Stolle" unter „Bio Aronia GbR" und ist ein zugelassener Biobetrieb. Wie der Betreiber berichtet, sei die Umstellung auf ökologischen Anbau nicht besonders schwer gefallen, denn gegen tierische Schädlinge und Pilzkrankheiten ist bei der Aronia ohnehin keine Behandlung erforderlich. Als man auf der Plantage noch Insektizide eingesetzt hatte, habe man sowieso lediglich das biologische Gleichgewicht durcheinander gebracht. Deshalb sei es früher auch zum verstärkten Auftreten von Obstbauspinnmilben gekommen. Das einzige Problem wäre nun das

In voller Blüte.

Aronia-Ernte in Schirgiswalde.

Unkraut, dem man mit Hilfe von Maschinen Herr zu werden versucht. Der Jahreslauf auf der Bio-Aronia-Anlage gestaltet sich relativ ruhig. Ein jährlicher Schnitt erfolgt nicht – das würde sich nicht mehr rechnen. Aus wirtschaftlichen Gründen wird auch nur das Nötigste unternommen. Im Winter entfernt man gebrochene und tief hängende Äste, damit die Durchfahrt der Traktoren beim Grasmulchen nicht behindert wird. Den Hauptaufwand in Sachen Aronia macht die Ernte aus, denn hier ist nur Handernte möglich.

Bernhard Stolle weiß auch von interessanten und kuriosen Anfragen zu berichten, auf die er gerne eingeht. So sind schon einmal Aroniafrüchte getrocknet worden, um sie nach Chile zu schicken, da es für lebende Pflanzen dort ein Einfuhrverbot gibt. Mit den Samen in den Früchten konnte man dieses Verbot geschickt umgehen. Ein Arzt aus Bremen hat sich auf der Plantage über Bezugsquellen sachkundig gemacht, denn er verordnet seinen Patienten die Einnahme von Aroniasaft löffelweise bei Magenschleimhautentzündung. Es gibt auch Kunden, die auf dem Obsthof regelmäßig Saft oder Nektar kaufen. Sie haben die blutdrucksenkende Wirkung des Aroniasafts entdeckt. Seitdem sie diesen regelmäßig trinken, erzählt der Plantagenbesitzer, könnten sie auf blutdrucksenkende Medikamente verzichten. Auch die verdauungsfördernde Wirkung von Aronianektar sei längst erwiesen.

Die Plantage beliefert zwei Keltereien, welche Saft und Nektar herstellen. Auf dem Obsthof selbst wird Konfitüre gekocht (Aronia und Aronia-Erdbeere) und ein Aronialikör hergestellt. Diese Produkte sind im „Ab Hof Verkauf" erhältlich. Auch das Selberpflücken ist in Schirgiswalde möglich – bei allen Obstarten.

Dem größten Problem, nämlich dem rasanten Verfall der Preise auf dem osteuropäischen Markt, versucht Stolle gemeinsam mit anderen Anbauern, Verarbeitern und Apfelbeerliebhabern aus Sachsen in einer Kooperation, dem „Aronia-Projekt", zu begegnen.

Auch die Plantage in **Coswig**, die nach wie vor das größte zusammenhängende Anbaugebiet Deutschlands ist, beteiligt sich am Aronia-Projekt. Das Unternehmen *„Obstbau GbR Volker Görnitz und Sohn"* kultiviert konventionell auf einer Fläche von 130 Hektar verschiedene Obstsorten. Die Aronia-Plantage ist 34 Hektar groß. Für die Ostsee-Pipeline, die ab 2010 russisches Erdgas liefern soll und quer durch die Anbaufläche verläuft, musste unlängst ein Teil der Pflanzen gerodet werden. Dafür pflanzte die Obstbau GbR an anderer Stelle neue Sträucher, die allerdings erst in einigen Jahren den vollen Ertrag liefern werden.

In Coswig ist man bemüht, der Nachfrage zu begegnen. Der Bedarf kann derzeit nicht hinreichend gedeckt werden, zumal der Betrieb seit 1992 für 25 Jahre vertraglich an ein Düsseldorfer Unternehmen gebunden ist, das die wertvollen Beeren zu einem Lebensmittelfarbstoff verarbeitet. So bleibt nur ein relativ geringer Teil der Ernte für die Saftherstellung übrig. Sowohl der Saft als auch weitere Aronia-Produkte können neben anderen regionalen Erzeugnissen im Hofladen erworben werden.

In Coswig wird die Aronia seit Anfang der 1980er Jahre angebaut. Die Anpflanzung in Schirgiswalde diente hier als Vorbild. Zunächst wurden Niederstämme angepflanzt, die man ausschließlich von Hand abernten kann. Zu DDR-Zeiten waren die Kilopreise für Aroniabeeren auch entsprechend hoch. Sieben Mark kostete damals das Kilo. Die Früchte wurden zu Joghurt und zu einer exquisiten Wildsauce verarbeitet. Damit handelte es sich bei Aronia-Produkten um Luxusgüter, die lediglich in den Delikat-Geschäften zu haben waren.

Anfang der 1990er Jahre brach der Aroniamarkt vollständig zusammen, da die ehemaligen DDR-Verarbeitungsbetriebe und somit die Abnehmer abgewickelt wurden. Anpflanzungen wurden daraufhin gerodet. Aber der Vertrag mit dem Düsseldorfer Unternehmen führte dazu, dass die Aronia seit 1993/94 in Coswig doch wieder angepflanzt und kultiviert wird. Damals fiel auch der Entschluss, Aroniabüsche den Niederstämmen vorzuziehen, was einen erheblichen Vorteil hatte: Nun konnten die Früchte mit Johannisbeererntemaschinen gepflückt werden. Die maschinelle Ernte ist ab dem vierten, fünften Standjahr möglich. Zwar bleiben beim Einsatz der Maschinen durchschnittlich 20 Prozent der Beeren hängen, doch gewährleistet die Ersparnis an Zeit und an Arbeitskräften eine weitaus höhere Wirtschaftlichkeit.

Die Plantage ist nicht eingezäunt und die verbliebenen Früchte dürfen von Privatpersonen kostenfrei geerntet werden. Was dann noch an den Büschen bleibt, holen sich die Vögel. Der Herbstschnitt der Büsche kann auch maschinell erledigt werden. Nach dem Laubabwurf werden die Sträucher mit Hilfe eines Schnittbalkens seitlich und in der Höhe begrenzt. Die Aronia benötigt aufgrund ihrer Robustheit keinerlei Pflanzenschutzmittel. Mit Schädlingen hat man in der Coswiger Plantage noch nie Probleme gehabt. Zur Förderung des Wuchses erhalten die Pflanzen lediglich eine Stickstoff-Düngung. Zusätzlich aber erfolgt eine konven-

Die Plantage in Coswig im Sommer ...   ... und im Herbst.

tionelle Unkrautbekämpfung, weswegen es sich bei diesen Beeren nicht um ein Produkt aus Bio-Anbau handelt.

Problematisch ist das Elbe-Hochwasser, das die Anpflanzung etwa im Jahr 2002 komplett überflutete und damit für einen totalen Ernteausfall sorgte. Auch im darauf folgenden Jahr hatte die Plantage sich noch nicht richtig erholt. Die Ernte 2007 fiel zur Hälfte den Spätfrösten Ende April zum Opfer. Die ausgesprochene Wärme im Frühjahr hatte dazu geführt, dass die Aronien frühzeitig blühten, sodass sich die dann folgenden niedrigen Temperaturen verheerend auswirkten. Doch während die Johannisbeeren deshalb so gut wie vollständig ausblieben, kam bei den Aronien immerhin die Hälfte durch. 2009 war ein ungewöhnliches Erntejahr. Trotz günstiger Umstände fiel der Ertrag geringer aus als erwartet. Dafür waren die Früchte besonders süß.

In Coswig blickt man optimistisch in die Zukunft und man hofft darauf, dass sich die Verbraucher weiterhin bewusst für regionale Produkte entscheiden. Denn nur dann wird das ganze Potenzial der Aronia genutzt werden können.

Am Rande des Elbsandsteingebirges, nur 25 Kilometer von Dresden entfernt, liegt die Burgstadt **Stolpen**. Hier wird auf etwa 6 Hektar Aronia kultiviert. Die Plantage hat eine interessante Geschichte, denn sie wurde nicht neu angelegt, sondern stammt noch aus DDR-Zeiten. Im Jahr 2000 wurde die verwilderte Anlage von einem gemeinnützigen, kirchennahen Verein, dem Projekt Leben e.V. Lauterbach, entdeckt. Ein Mitarbeiter hatte sich mit der Apfelbeere befasst und auf die Anpflanzung aufmerksam gemacht. Bald begann der Verein mit der Rekultivierung, die immer noch läuft. Herr Netwall, der Geschäftsführer des Vereins, vermutet,

Aronia auf Hochstämmen in der Bio-Plantage bei Stolpen.

dass es sich einst um eine Testanlage gehandelt haben dürfte. Heute werden von Viertel-, Halb- und Hochstämmen Früchte in Bio-Qualität geerntet. Seit 2009 erfolgt dies in Kooperation mit einer Behindertenwerkstatt aus der Region. Die Früchte werden teilweise direkt vor Ort weiterverarbeitet – zu Saft, Tee und Eis. Die größte Menge der Ernte nimmt exklusiv eine Firma aus Dresden ab, die die kostbaren Früchte zu Saft, Konfitüre u.a. Lebensmittel verarbeitet.

In **Bayern** gibt es mittlerweile ebenfalls eine größere Aroniakulturfläche. Die Hofkelterei der Familie Hüttinger in **Marktl am Inn** ist ein aufstrebendes Familienunternehmen, das seine Aroniaprodukte unter dem Markennamen Bayronia anbietet. Bis 2005 betrieb die junge Familie Milchviehhaltung, hatte sich aber schon seit längerem mit dem Gedanken getragen, den landwirtschaftlichen Betrieb umzustellen. Von einer Bekannten erfuhr Johann Hüttinger von der damals noch nahezu unbekannten Aronia. Sein Interesse war sofort geweckt, ist die Aronia doch eine Pflanze, die sich für den Anbau in bayerischen Breiten optimal eignet und auch größere Kälte problemlos verträgt. Zudem erkannte Hüttinger das Potenzial der „neuen Frucht", die nicht wie Erdbeeren oder Heidelbeeren an „jeder Ecke zu haben" ist. Also reiste er nach Polen und informierte sich bei Saftherstellern und Plantagenbetreibern über die Aronia. Im Herbst 2005 kamen die ersten 4.000 Sträucher im Marktlberger Hügelland in die Erde, und im Frühjahr 2006 weitere 6.000 Pflanzen. Mittlerweile umfasst Hüttingers Aronia-Kultur auf 3,6 Hektar bereits 12.000 Sträucher, überwiegend der Sorte Nero.

Zunächst plante der Landwirt, die Aronia nur anzubauen. Dass das kleine Unternehmen heute Anbau und Verarbeitung unter einem Dach zusammenfasst, ergab sich aus dem anfänglichen Desinteresse der Getränkehersteller, mit denen Johann

Maschinelle Ernte bei Bayronia.

Hüttinger in Kontakt trat. Die Frucht war einfach noch zu unbekannt. Im Sommer 2006 entstand im ehemaligen Milchviehstall des Bessererhofes eine nagelneue Kelterei. Die Familie investierte in verschiedene Keltereimaschinen und stellte im Herbst 2006 erstmals eigenen Aroniasaft her. Die noch jungen Pflänzchen von der Marktler Anbaufläche trugen im ersten Erntejahr gerade mal 200 Kilogramm Früchte, so dass zur Saftherstellung Beeren aus dem Ausland zugekauft werden mussten. Aus Polen bezog das Kleinunternehmen einige Tonnen qualitativ hochwertige Bio-Früchte, eine spätere Lieferung aus Russland war allerdings eine herbe Enttäuschung und für einen so jungen Betrieb eine Katastrophe: Die Ware war so minderwertig, dass Hüttinger die Charge komplett kompostierte. Zu diesem Zeitpunkt fiel auch die Entscheidung, sich unabhängig von Zulieferern zu machen und ausschließlich die eigenen Früchte zu verarbeiten.

6,3 Tonnen Früchte pro Hektar konnten im Herbst 2009 geerntet werden. Erstmals wurde die neu gekaufte Erntemaschine genutzt, die es erlaubt, den richtigen Erntezeitpunkt abzuwarten, denn die Höhe des Reifegrades ist ein wichtiges Qualitätskriterium.

Der Anbau gestaltet sich in den Augen des erfahrenen Landwirtes nicht ganz so einfach, wie man das vielleicht erwarten würde. Mit Schädlingen und Krankheiten hätte er zwar nie Probleme gehabt, doch der Boden müsse schon gesund sein und auch lange Trockenperioden machten den Pflanzen an ungünstigen Standorten ziemlich zu schaffen. Auf den vom früheren Mais- und Weizenanbau ausgelaugten Böden ist auch die Aronia nicht sonderlich gut gediehen. Auf den Flächen mit Kleegras als Vorfrucht, hatte sich der Boden jedoch erholt und die Pflanzen konnten sich prächtig entwickeln. Aufgrund dieser Erfahrungen resümiert Johann Hüttinger, der seit Jahren mit *Effektiven Mikroorganismen* (EM) arbeitet: „Die Bo-

Herbst in der Bayronia-Plantage.

dengesundheit ist entscheidend". Seit dem 1. Januar 2009 ist der Bayronia-Betrieb nun auch vollständig auf Bio-Anbau umgestellt.

Denn Hüttinger setzt auf Qualität und stellt in dieser Hinsicht hohe Ansprüche an sich selbst. Qualität und Regionalität seien die Stärke seines noch jungen Unternehmens, denn einen Preiskampf mit den Anbietern billiger Beeren aus dem Ausland kann und will er nicht eingehen. Glücklicherweise seien auch die meisten Kunden nicht einfach auf der Suche nach dem günstigsten Angebot, sondern nach geschmacklich und qualitativ hochwertigen Säften. Die Nachfrage nach Bayronia-Produkten war bislang immer größer als das Angebot. Neben dem Direktsaft vermarktet Familie Hüttinger im eigenen Hofladen und in Läden der Region u.a. einen Mischsaft mit Apfel, Aronialikör, saisonal gemischte Konfitüren (u.a. mit Erdbeere, Brombeere, Pflaume), Tee und Kosmetika (Hand- und Gesichtscreme, Lippenpflege) aus Polen. Auch ein Wein ist in Arbeit. Im eigenen Hofladen bekommen die jungen Unternehmer immer wieder positive Rückmeldungen von ihren Kunden. Besonders beliebt sind die Aroniaprodukte übrigens als Geschenk z.B. für Krankenbesuche. Nicht selten werden dann aus den zufriedenen Beschenkten neue Kunden. "Mittlerweile ist die Aronia zum Selbstläufer geworden", stellt Johann Hüttinger zufrieden fest. Noch vor wenigen Jahren musste er den einzelnen Kunden auf regionalen Märkten von der gesunden Beere erzählen; das hat sich in jüngster Zeit doch geändert, denn die Frucht genießt nun auch in den Medien eine erhöhte Aufmerksamkeit.

In **Schwarmstedt / Niedersachsen** wurde im Frühjahr 2009 eine 1 Hektar große Aroniaplantage angelegt. Lars Grossmann hat dafür dreijährige Pflanzen aus Dä-

Sommer ... ... und Winter nahe Schwarmstedt.

nemark importiert. Obwohl die Apfelbeersträucher erst Ende März, Anfang April angepflanzt wurden, konnte gleich im ersten Standjahr geerntet werden. Besonders erfreulich war, dass alle Pflanzen angewachsen sind. Trotz einer längeren Trockenperiode im April ging kein einziger Strauch verloren. Der Plantagenbetreiber hat verschiedene Sorten angebaut, um zu testen, welche sich besonders gut für den Anbau auf seinem Boden eignen. Grossmanns Kulturflächen liegen zwischen Hannover und Walsrode, mitten in der südlichen Lüneburger Heide. Neben der Aronia kultiviert man dort auch noch die asiatische Goji-Beere in größerem Umfang. Da in dieser Gegend vielfach das Selbstpflücken von Heidelbeeren angeboten wird, möchte Grossmann diese Praxis auch für die Apfelbeeren ermöglichen. Der Großteil der Schwarmstedter Aronia-Ernte soll zu Saft verarbeitet werden.

Im Februar 2010 wurde in Schwarmstedt auch ein Naturkostladen eröffnet, in dem die regionalen Aronia- und Gojiprodukte, Heidelbeeren, Cranberries sowie daraus hergestellte Erzeugnisse eines befreundeten Plantagenbetreibers aus der Region verkauft werden. Hier können Interessierte auch Seminare besuchen, in denen über die Verarbeitung der Aronia informiert wird. Wer selbst Aronien anbauen möchte, kann die Pflanzen im Naturkostladen oder direkt auf der Plantage erwerben.

In **Volkmarsen / Nordhessen** kultiviert der Obstbauer Martin Pflüger auf etwa sechs Hektar Aroniasträucher in Bioqualität. Im Winter 2002/03 hatte der Landwirt die ersten einjährigen Sträucher der Sorte Nero über eine Baumschule bezogen und ausgepflanzt. Mit seiner Ernte belieferte Pflüger zunächst hauptsächlich einige Keltereien, was relativ mühevoll und nicht unkompliziert war, weil die

Wie vor einer Weinlese werden auch im Vorfeld der Aronia-Ernte mit dem Refraktometer die Grad Oechsle bestimmt. So passen Jörg Holzmüller (li.) und Martin Pflüger auf der Volkmarsener Bio-Aroniaplantage genau den richtigen Zeitpunkt zur Ernte ab, um die beste Qualität und Süße zu erzielen.

Abnehmer der Aroniabeeren meist nur relativ geringe Mengen aufkauften. Ein wirtschaftlicher Betrieb der Aroniaplantage war auf diese Weise kaum möglich. Erst durch eine Kooperation mit der Dresdner Firma Aronia Original, die nun die gesamte Ernte zur Herstellung von verschiedenen Aronia-Produkten aufkauft, wird der Betrieb der Anlage für Pflüger interessant. Jörg Holzmüller von Aronia Original erläutert: „Das ist durchaus etwas Besonderes, da bislang handelsübliche Lebensmittel aus der Aroniabeere wie z.B. Saft, Konfitüre und getrocknete Beeren in Bio-Qualität eher selten aus Deutschland kamen. Der Grund hierfür ist, dass es bislang nur sehr wenige BIO-zertifizierte Aroniaplantagen in Deutschland gibt. Die meisten Verbraucher legen aber bei einem Gesundheitsprodukt wie der Aroniabeere auf das BIO-Siegel großen Wert."

Außer Aroniasträuchern wachsen auf der Volkmarsener Anpflanzung übrigens auch Ebereschen, deren Früchte vorwiegend zu Obstbrand verarbeitet werden.

In Österreich gibt es in der **Oststeiermark** seit über 40 Jahren den Obstbaubetrieb von Josefa und Herbert Christandl. Er befindet sich am Stadtrand von **Feldbach**, auf dem Kalvarienberg, einem erloschenen Vulkankegel. Der Schwerpunkt der Erzeugung liegt hier auf Äpfeln. Aber Beerenfrüchte spielen eine immer wichtigere Rolle. Zunächst wurden Johannisbeeren kultiviert, doch der starke Preisverfall erforderte eine Neuorientierung. Schließlich entschied man sich für Holunder.

Die treibende Kraft im Bereich des Beerenobstanbaus in der Region ist die Steirische Beerenobstgenossenschaft, die den Großteil der Johannisbeeren und des Holunders in Österreich vermarktet. Als diese im Jahr 2000 nach weiteren Früch-

Renate Christandl verkauft im Hofladen auch verschiedene Aronia-Erzeugnisse.

Johannes Christandl prüft die Entwicklung der Aroniabeeren.

ten für die Produktion von Lebensmittelfarbe suchte, reiste Herbert Christandl, in seiner Funktion als Aufsichtsratsvorsitzender der Steirischen Beerenobstgenossenschaft, gemeinsam mit sechs Landwirten aus der Region nach Polen, um die ersten Aroniapflanzen für den Anbau in der Steiermark zu importieren. Kultiviert werden seither die Sorten Nero und Viking. Die heute eingesetzte Erntemaschine stammt ebenfalls aus Polen.

Aufgrund der steigenden Nachfrage wurden die Aronia-Anbauflächen in der Steiermark im Jahr 2009 erweitert. Eine eigene Initiative, die sich speziell für die Aronia in Österreich einsetzt, gibt es bisher aber noch nicht.

Johannes Christandl, der mit seiner Frau Renate den elterlichen Familienbetrieb 2008 übernahm, hat festgestellt, dass die Aroniasträucher für einen zufriedenstellenden Fruchtansatz „relativ guten Boden und viel Licht" benötigen. Waldränder hätten sich als nicht besonders ideal erwiesen. Ein zu guter Boden führe nach seinen Erfahrungen zu einem verstärkten Wachstum, so dass die Sträucher rasch über 2,5 Meter Höhe erreichten und damit eine maschinelle Ernte nicht mehr möglich sei. Hier gelte es also, das richtige Maß zu finden.

Bereits seit 1995 setzt die Familie Christandl auch auf die Verarbeitung verschiedener Früchte und die Direktvermarktung. Neben Edelbränden und Honig, der ein willkommenes Nebenprodukt im Obstbau ist, stellt man vor allem Säfte, Nektare, Liköre und zahlreiche Marmeladen her. Über 30 verschiedene Marmeladensorten aus allen möglichen selbst angebauten Früchten sind Teil des Sortiments. Auch mit der Aroniabeere wurde experimentiert. Wegen des etwas herben Geschmacks wird sie vor allem mit Äpfeln und anderen Früchten gemischt. Besonders beliebt sind der selbstgemachte Aroniabrand und der Aronialikör. Da die Aronia in den vergangenen Jahren immer bekannter und beliebter wurde, steigt auch die Nachfrage nach dem Direktsaft. Eine weitere regionale Spezialität ist der „Holler Vulkan", den die Christandls im Jahr 2003 gemeinsam mit sechs anderen Holunderbauern entwickelten. Das Getränk soll gesunde Inhaltsstoffe und guten Geschmack vereinen und enthält zu zehn Prozent Aroniasaft. Die Rückmeldungen von den Kunden fallen rundum positiv aus. Viele berichten von einer Aktivierung des Immunsystems. Gerade in der Grippezeit wird der Saft gerne vorbeugend getrunken. Menschen, die ihre Blutwerte verbessern oder eine Krebstherapie unterstützen möchten, greifen darauf zurück. Bestärkt durch den Erfolg der Säfte mit ihren wertvollen Inhaltsstoffen, richtet man die Aktivitäten zunehmend auf das Vertriebssegment Gesundheit und Wellness. In Sachen Anbau und Verarbeitung von Aronia und Holunder sind die Christandls beispielgebende Trendsetter und kompetente Ansprechpartner in Österreich.

In der **Schweiz** wird die Aronia bislang überwiegend im **Kanton Thurgau** auf 9 Hektar (Stand Ende 2009) kultiviert. Das milde Bodenseeklima wirkt sich günstig auf das Wachstum der Pflanzen aus. Seit 2007 gedeihen hier die Sträucher. Veiko Hellwig, ein experimentierfreudiger Koch, hatte sich mit einem kleinen Unternehmen auf die Entwicklung, Produktion und Vermarktung von Nüssen und Wildfrüchten spezialisiert. Vom Schweizer Baumschulenbetreiber Pavel Beco erfuhr er im Jahre 2007 erstmals von der Aronia. Er war gleich fasziniert von den Möglichkeiten, die die Pflanze sowohl obstbaulich als auch kulinarisch bot. Ihre Robustheit und Anspruchslosigkeit, ihre gesunden Inhaltsstoffe und das besondere Aroma veranlassten Hellwig dazu, zehn Kilogramm Aroniabeeren vom Obstbauzentrum Plovdiv in Bulgarien zu bestellen. Er experimentierte mit den Früchten und entwickelte eigene Rezepte. Hellwig verarbeitet die Beeren beispielsweise zu einem Aronia-Apfel-Brotaufstrich oder zu einem Gelee. Einige der Aroniaspezialitäten, die der gebürtige Rostocker selbst zubereitet, finden Sie im Rezeptteil dieses Buches. Seine Produkte werden bisher nur regional auf Märkten und Messen angeboten.

Nachdem der Koch sich von den kulinarischen Vorzügen der Aronia überzeugt hatte, orderte er in Bulgarien 2.000 Stecklinge, die auf einem Thurgauer Höhenrücken gepflanzt wurden, der klimatisch nicht optimal geeignet war. Zu starke Sonneneinstrahlung und heftige Hagelschläge im Sommer ließen die Pflanzen zunächst nur mäßig gedeihen. Davon ließ sich Hellwig aber nicht entmutigen, vielmehr gab er 2007 den entscheidenden Impuls zur Gründung der Interessengemeinschaft Aronia Schweiz. Die Aronia-Kulturen wurden im Jahr 2008 um 4.000 zweijährige Stecklinge der Sorte Nero und im Jahr 2009 um weitere 9.000 Pflanzen aufgestockt. Die Hälfte des Anbaus der Aronia erfolgt gemäß den Biorichtlinien von *Bio Suisse*. Die erste Ernte im Sommer 2009 bewies bereits, dass sich für die Aronia in der Schweiz ideale Wachstumsbedingungen finden lassen.

Im Januar 2009 gründete sich der Verein „IG-Aronia Schweiz". Hierbei handelt es sich um eine Vereinigung von Produzenten, Baumschulbetreibern sowie Verar-

Aronia-Anbau im Schweizer Kanton Thurgau nahe dem Bodensee.

beitern, die sich hinsichtlich ihrer Vorhaben auch mit dem Kantonalen Landwirtschaftlichen Zentrum LBBZ Arenenberg beraten. Privatpersonen, die sich aus den unterschiedlichsten Gründen für die Apfelbeere interessieren, zählen ebenfalls zu den Mitgliedern. Der Verein setzt sich besonders für ökologisch sinnvolles und ethisch sowie sozialverträgliches wirtschaftliches Handeln ein. Anbau und Verarbeitung in der Schweiz, also ökologisch und nachhaltig, unmittelbar vor Ort, sollen gefördert und die Popularität der Aronia gesteigert werden. Die Netzwerkstruktur eines Vereins kommt diesen Zielsetzungen optimal entgegen. Auch die neuen Medien werden verstärkt genutzt. So gilt die Webseite des Vereins als Hauptportal für Aronia-Interessierte in der gesamten Schweiz. Hier entsteht eine zentrale Stelle für Informationsaustausch zu Fragen des Anbaus, der Verarbeitung und Nutzung, wobei auch Ernährungsberater und Mediziner ausdrücklich zur Mitarbeit eingeladen sind. Auch an Kooperationen mit dem Nahrungsmittelergänzungssektor und den Bereichen Gesundheit und Lifestyle wird gedacht.

Interessierte können für den privaten Gebrauch Pflanzen erwerben. Es handelt sich um einjährige getopfte Sträucher der Sorte Viking. Auch in Schweizer Gartencentern und Baumschulen sind Aroniasträucher erhältlich. Dort wird die Pflanze aber (noch) weitgehend als Zierstrauch vermarktet.

Im **Schweizer Emmental** im **Kanton Bern** gibt es ebenfalls eine kleine Anpflanzung. Rosemarie und Walter Bracher aus Dürrenroth / Brunnen hatten ihren florierenden Berieb mit Beerenkulturen, der Herstellung von Beerenweinen sowie der Fabrikation des Emmentaler Randensalates (Salat aus Roter Beete) Ende 1999 an ihren Sohn übergeben. Doch Walter Bracher konnte sich noch nicht gleich in

Veiko Hellwig begutachtet die jungen Pflänzchen.

den Ruhestand zurückziehen. Bei einer TV-Sendung über einen Indianerstamm im kanadischen Manitoba wurde sein Interesse geweckt: Ein Stammesmitglied verriet: „Wenn jemand von uns gesundheitliche Probleme hat, dann schicken wir ihn in die Aroniasträucher!"

Aronia?! – Vor Jahren hatte Bracher schon einmal davon gehört, schlagartig war sein Interesse geweckt. Und im März 2007 setzte er seine ersten 270 Aroniasträucher ein, in Eriswil, 840 Meter über dem Meeresspiegel. Dazu pflanzte er auch 100 Pillnitzer Vitamin Rosen (Hagebutten), die er für eine ideale Ergänzung zu Aronien hält. Ab Februar 2008 legte Bracher in Rohrbachgraben auf 760 Metern über Normalnull eine Plantage mit 1.000 Aroniasträuchern und 200 Pillnitzer Vitamin Rosen an. „Die Pflanzen gedeihen gut", freut er sich. Zur Zeit bewirtschaftet er seine Aronia-Kulturen im Rahmen der Umstellung auf biologische Landwirtschaft. Brachers Eigenlabel „Berner Aronia" vertreibt über seinen Onlineshop getrocknete Aroniabeeren.

Im gesamten ehemaligen „**Ostblock**" werden die robusten Aronia-Pflanzen bereits seit vielen Jahrzehnten kultiviert. Hauptanbaugebiet ist die **Ukraine**. Aber auch in **Polen** ist die Aronia sehr viel bekannter als in Deutschland, Österreich und der Schweiz. Aronia-Lebensmittel werden dort auch regional vermarktet, während industrielle Aroniaprodukte, vor allem konventionelles Aroniakonzentrat vorwiegend als Farbstoff, von dort in die ganze Welt exportiert werden. Die Anbauflächen in Osteuropa sind im Vergleich zu den Plantagen im deutschsprachigen Raum rie-

Viele fleißige Hände halfen bei der ersten Ernte im Thurgau mit.

sengroß. Ein Hauptteil der Pflanzen wird inzwischen nach den EU-Biorichtlinien kultiviert, vor allem die großfruchtige Sorte Nero. Die Verarbeitung der Beeren findet meist direkt vor Ort durch verschiedene Firmen statt. Außerdem gibt es im osteuropäischen Raum eine große Vielfalt an Produkten, die Aronia enthalten: Saft, Brotaufstriche, Sirup, Wein und Tee, aber auch Kosmetika. Besonders beliebt sind verschiedene Cremes und Lippenstifte mit den wertvollen Inhaltsstoffen der Aronia. Als Nahrungsergänzungmittel werden beispielsweise Aroniakapseln vor allem zur Unterstützung des Herz-Kreislaufsystems empfohlen.

Während die Aronia in Osteuropa tendenziell Massenprodukt ist, fristet sie in Westeuropa eher ein unauffälliges Dasein als Nischenprodukt.

Das Delinat-Institut, eine gemeinnützige Stiftung, die sich für Ökologie und Klimafarming sowie eine klimaneutrale Landwirtschaft mit hoher Biodiversität einsetzt, hat beispielsweise in der **Schweiz** und in **Frankreich** Aroniabüsche gepflanzt, um aus dem Ertrag einen hochwertigen Wein zu keltern. In einem Artikel, der in *Ithaka,* dem *Journal für Terroirwein, Biodiversität und Klimafarming* veröffentlicht wurde, lotet der Autor Hans-Peter Schmidt die Perspektiven für einen nachhaltigen Weinanbau aus. So könnte sich die Aronia eventuell hervorragend als Sekundärkultur im Weinbau eignen. Hierbei gingen ökonomischer und ökologischer Nutzen Hand in Hand, denn wenn z.B. zwischen den Rebstöcken Aroniabüsche gepflanzt würden, würde durch die Verbesserung des Bodens und die gesteigerte Biodiversität sicherlich auch der Weinbau davon profitieren.

Anzucht von Aroniapflanzen in einem polnischen Gewächshaus.

5. Medizinische Nutzung.
Warum ist die Aronia so gesund?

In den letzten Jahren hat man sich wieder verstärkt der medizinischen Nutzung von Pflanzen zugewandt. Exotischen Gewächsen wird hierbei eine besondere Heilkraft zugeschrieben. Bekanntere Beispiele aus jüngster Zeit sind Noni, Guarana und Aloe Vera. Selbst züchten kann man diese Pflanzen kaum, oder nur unter erheblichem gärtnerischen Aufwand.

Wenig bekannt ist hingegen, dass es solche „Wunderpflanzen" auch unter unseren einheimischen Gewächsen gibt. So wird die Aronia, wie bereits erwähnt, neben Wildfrüchten wie Sanddorn, Weißdorn und Berberitze in Russland schon seit Jahrzehnten den Heilpflanzen zugeordnet.

In Deutschland ist sie als Heilpflanze noch wenig bekannt, obwohl wissenschaftliche Studien eindeutig den gesundheitlichen Wert einiger ihrer Inhaltsstoffe belegen. David Bell und Kristin Gochenaur von der Indiana University in den USA bewiesen beispielsweise in Versuchen an Schweinen die ausgesprochen entspannende Wirkung von Aronia-Extrakt auf die Herzkranzgefäße. Da die Herz-Kreislauf-Systeme von Schweinen und Menschen sich sehr ähnlich sind, kann man davon ausgehen, dass die Ergebnisse auch auf den Menschen übertragbar sind.

Interessant ist in diesem Zusammenhang vor allem der hohe Gehalt an Anthocyanen und an Procyanidinen, die aufgrund ihrer medizinischen Wirksamkeit von großer Bedeutung sind. Bevor sie hier in den Mittelpunkt des Interesses rücken, soll zunächst einmal auf wichtige Vitalstoffe in unserer Ernährung sowie auf wertvolle Inhaltsstoffe der Aronia eingegangen werden.

Bild: Frisches Aronia-Elixier aus der Bayronia-Presse.

Mineralstoffe

Bei den Mineralstoffen handelt es sich um chemische Verbindungen, die man auch Salze nennt. Sie kommen in allen Organen, Körperflüssigkeiten, Geweben und Knochen vor. Um ein optimales Funktionieren dieser Strukturen gewährleisten zu können, müssen wir dem Körper täglich eine ausreichende Menge an Mineralstoffen zuführen.

Mineralstoffe werden in *Mengenelemente* (Natrium, Magnesium, Kalium, Kalzium, Phosphor, Chlor, Schwefel) und *Spurenelemente* (Eisen, Jod, Fluor, Zink, Mangan, Selen, Silizium, Kupfer, Molybdän, Chrom, Nickel, Kobalt, Vanadium) unterteilt.

Mengenelemente kommen aber - im Gegensatz zu Spurenelementen - in weitaus größeren Anteilen im menschlichen Körper vor, nämlich mehr als 50 Milligramm pro Kilogramm Körpergewicht. Auch der tägliche Bedarf an diesen Stoffen ist entsprechend höher.

Bei einer ausgewogenen Ernährungsweise bekommt der Körper ausreichend Mineralstoffe zur Verfügung gestellt. Mängel entstehen vor allem durch die heutige Ernährungsweise, die industriell verarbeitete Lebensmittel bevorzugt. Diese aber verlieren während der Verarbeitung die meisten Vitamine und Mineralstoffe. Deswegen ist es wichtig, Nahrung möglichst in ihrer ursprünglichsten Form zu konsumieren. Eine Zufuhr von Mineralstoffen durch synthetische Präparate ist dann im Normalfall gar nicht erforderlich. Sie kann sich unter Umständen sogar gesundheitsschädigend auswirken. Beispielsweise bedingt der in unserer industrialisierten Gesellschaft weit verbreitete übermäßige Konsum von Kochsalz (Natriumchlorid) erwiesenermaßen erhöhten Blutdruck. Ein Zuviel an Phosphor, das u.a. in Cola, Wurstwaren, Fertig-Kartoffelbrei und vielen anderen industriell gefertigten Produkten enthalten ist, führt zu Störungen des Kalziumstoffwechsels und zu einer verminderten Aufnahmefähigkeit für Mangan.

Spurenelemente kommen im Körper nur in Spuren vor und sind auch nur in Spuren notwendig. Allerdings kann ein Fehlen zu schweren körperlichen Schäden führen. Eisenmangel verursacht auf Dauer Anämie, Jodmangel ruft Stoffwechselstörungen hervor.

Eine Unterversorgung mit Spurenelementen kann durch vermehrtes Schwitzen, Durchfallerkrankungen, Stoffwechselerkrankungen, regionale Gegebenheiten (z.B. niedriger Jodgehalt der Luft in küstenfernen Regionen) und unausgewogene Ernährung zustande kommen. Auch für Spurenelemente gilt aber die Regel: Zuviel ist schädlich!

Man braucht sich aber kaum Sorgen wegen einer eventuellen Fehlversorgung mit Mineralstoffen zu machen. Eine vernünftige Ernährungsweise mit möglichst vielen frischen und selbst zubereiteten Speisen gewährleistet in der Regel eine optimale Zufuhr.

Die Aronia-Früchte enthalten vor allem *Eisen*, ca. zwölf Milligramm in 100 Milliliter Saft, und *Jod*, ca. 0,0064 Milligramm in 100 Milliliter. Diese Werte können

unterschiedlich ausfallen, da sie von Sorte, Erntezeitpunkt, Lagerung und anbaulichen Faktoren, vor allem vom Standort, abhängen.
Das Spurenelement *Eisen* ist für den Stoffwechsel lebenswichtig. Ungefähr 75 Prozent des Eisens wird als Bestandteil des roten Blutfarbstoffes Hämoglobin im menschlichen Organismus gebraucht.
Damit ist es für den Sauerstofftransport von den Lungen ins Blut, in alle Organe und in die Muskeln zuständig. Außerdem ist Eisen Bestandteil zahlreicher Enzyme, die an der Energiegewinnung teil haben. Eine ausreichende Versorgung des Körpers mit Eisen ist unerlässlich, damit er widerstandsfähig gegen Stress und Krankheiten ist. Insbesondere junge Frauen leiden aufgrund der Blutverluste in der Menstruation häufig unter Eisenmangel. Bis zu den Wechseljahren ist der Eisenbedarf bei Frauen um etwa 50 Prozent erhöht, während Schwangerschaft und Stillzeit selbstverständlich noch mehr. Auch Menschen, die unter einer auszehrenden Krankheit wie zum Beispiel Krebs leiden, haben einen höheren Bedarf. Andererseits sollte man ohne ärztliche Untersuchung auf keinen Fall zu Eisenpräparaten greifen, da eine Überversorgung zur vermehrten Bildung gefährlicher Sauerstoff-Radikale, also aggressiver Verbindungen, führen kann. Und dies wiederum erhöht das Herzinfarkt- oder Krebs- Risiko. Mit einem Blutbild-Test lässt sich ein Eisenmangel feststellen. Typische Symptome dafür sind Müdigkeit, Kopfschmerzen, Schlafstörungen, Herzjagen, brüchige Fingernägel oder gar Anämie.
Relativ viel Eisen ist in Soja, Fleisch, Eiern, Schalentieren, Kartoffeln, Trockenobst, Nüssen, Sesam, grünem Blattgemüse, Karotten, Pilzen und auch in der Aronia enthalten. Man sollte zudem auf eine positive Beeinflussung der Eisenaufnahme achten. Vitamin-C-haltige Getränke *vor* dem Essen wirken sich günstig aus, Gerb-

Vor der Blüte Mitte April.

Üppige Doldenblüten im Mai.

stoffe, die z.B. in schwarzem Tee, Kaffee und Rotwein vorkommen, können die Eisenaufnahme erschweren.

Jod befindet sich als Bestandteil von Hormonen vor allem in der Schilddrüse und ist für die Regulation von Stoffwechselprozessen, wie zum Beispiel Zellwachstum und Zellteilung verantwortlich. Dieses Spurenelement kommt auch in der Muttermilch vor und wird für die körperliche Entwicklung benötigt, was die Bedeutung des Stillens unterstreicht. Darüber hinaus wirkt Jod kreislaufstimulierend.

Ballaststoffe

Ballaststoffe sind Pflanzenbestandteile, die nicht verdaut werden können, da sie aus Kohlenhydraten bestehen, die der menschliche Organismus nicht zerkleinern kann. Deswegen wurden sie lange Zeit als reiner „Ballast" abgetan. Ihre Fähigkeit, sehr viel Wasser an sich zu binden, hat sich als ausgesprochen positiv für die Darmtätigkeit erwiesen. Seit Beginn der 1980er Jahre wurde in dieser Richtung viel Forschung betrieben und man kam zum Ergebnis, dass Ballaststoffe einen überaus wichtigen Bestandteil unserer Ernährung bilden.

Sie quellen im Magen auf und führen dadurch zu einem Sättigungsgefühl: 50 Gramm Ballaststoffe können 200 bis 300 Gramm Wasser aufnehmen. Diese Tatsache kommt nicht nur den Menschen zu Gute, die auf ihr Gewicht achten möchten, sondern hat auch den positiven Effekt, dass mit dem aufgenommenen Wasser zahlreiche Giftstoffe aus dem Körper befördert werden. Zudem wird der Zucker bei Ballaststoffen langsam abgegeben, so dass der Blutzuckerspiegel länger konstant bleibt. Dies kann das Risiko an Diabetes Typ 2 zu erkranken absenken.

Von zentraler Bedeutung sind Ballaststoffe vor allem als natürliche Abführmittel. Pflanzliche Kost ist allgemein sehr ballaststoffreich. Laut der Deutschen Gesellschaft für Ernährung sollte man täglich 30 bis 40 Gramm Ballaststoffe zu sich nehmen. Dies entspricht etwa der Menge, die in acht Scheiben Vollkornbrot enthalten ist. Die meisten Menschen in Deutschland nehmen allerdings nur etwa 20 Gramm täglich zu sich. Schuld daran ist vor allem das veränderte Essverhalten. Industriell gefertigte Nahrung ist meist extrem ballaststoffarm. Der wichtigste Ballaststofflieferant ist Getreide. Daneben enthalten aber auch Obst und Gemüse diese wertvollen Stoffe. Zu den Ballaststoffen gehören Zellulose, Pektin und Lignin. Die Aroniabeere enthält vor allem Pektin.

Vitamine

Dass Vitamine gesund sind, ist allgemein bekannt. Der Tatsache, dass sie sogar lebenswichtig sind, weil sie für zahlreiche Stoffwechselvorgänge benötigt werden, wird allerdings vielfach durch die Ernährungsweise nicht Rechnung getragen. Da der menschliche Organismus die meisten Vitamine nur in unzureichendem Umfang selbst herstellen kann, ist eine tägliche Zufuhr durch die Nahrung erforderlich. Obwohl extreme Vitaminmangelerkrankungen wie Skorbut (Vitamin C), Rachitis (Vitamin D) und Beriberi (Vitamin B1) in Industrieländern weitgehend der

Vergangenheit angehören, leiden doch viele Menschen an einer Unterversorgung mit Vitaminen, die sich in Form von Müdigkeit, Konzentrationsstörungen, Kopfschmerzen, Hautveränderungen und Magen-Darm-Störungen äußern können. Vor allem Menschen mit einem erhöhten Vitaminbedarf, wie etwa Schwangere, Stillende, Raucher oder Jugendliche im Wachstum, sollten auf eine ausreichende Zufuhr achten.

Es gibt 13 lebenswichtige Vitamine, die in wasserlösliche und fettlösliche unterteilt werden.

Fettlösliche Vitamine kann der Körper speichern, wasserlösliche werden bei überhöhter Zufuhr über den Urin wieder ausgeschieden. Diese Tatsache verhindert zwar häufig eine Unterversorgung mit fettlöslichen Vitaminen, lässt aber die Gefahr einer Vergiftung durch Überdosierung aufkommen. Deswegen ist bei Präparaten, die fettlösliche Vitamine enthalten Vorsicht geboten!

Fettlösliche Vitamine sind die Vitamine A, D, E, K. Vitamin D stellt der menschliche Organismus mit Hilfe von UV-Licht, das heißt unter Einfluss von Sonneneinstrahlung, weitgehend selbst her. Die Aroniabeere enthält die Vitamine A (Provitamin A, 1,1 – 2,4 g/100 ml Saft), E (0,8 – 3,1 g) und K (0,8 – 1,0 g).

- **Vitamin A** kommt als Retinol in tierischen Organismen vor und ist als Vorstufe (Provitamin A) in Möhren in Form von Carotin enthalten. Es ist in der Lage freie Radikale, aggressive Substanzen, auf die wir später noch näher eingehen, zu binden und somit unschädlich zu machen. Damit schützt es vermutlich vor einigen Krebserkrankungen. Daneben fördert es die Sehkraft und kräftigt Haare, Haut und Zähne.

- **Vitamin E** umfasst eine Gruppe von insgesamt acht Stoffen, die Tocopherole. Diese Stoffe wirken weitgehend antioxidativ. Sie schützen Fette, andere Vitamine, Hormone und Enzyme vor der Zerstörung durch freie Radikale.

Kinder mögen Aronia: Als Saft ... **... und als Konfitüre.**

- **Vitamin K** ist am Aufbau der Blutgerinnungsfaktoren beteiligt und fördert somit die Blutgerinnung. Es spielt gemeinsam mit Vitamin D eine wichtige Rolle beim permanenten Auf- und Umbau der Knochen.

Die **wasserlöslichen Vitamine** sind Vitamin B1 (Thiamin), B2 (Riboflavin), B3 (Niacin), B5 (Pantothensäure), B6, B7 (Vitamin H oder Biotin), B9 (Folsäure), B12 und Vitamin C.

Die Aroniabeere enthält die wasserlöslichen Vitamine B1, B2 und Vitamin C.

- **Vitamin B1** oder Thiamin ist maßgeblich an zahlreichen Prozessen der Energiegewinnung aus Kohlenhydraten beteiligt. Zudem ist diese Stoffgruppe von großer Bedeutung für das Nervensystem und für die Erregungsübertragung von Nerven auf Muskeln.
- **Vitamin B2** (Riboflavin) ist Bestandteil zahlreicher Enzyme und Radikalfänger. Es ist an den Auf- und Abbauprozessen von Eiweißen und Fetten beteiligt und daher in allen lebenden Zellen vorzufinden. Es ist nicht nur in Früchten sondern in beinahe allen Lebensmitteln enthalten. Deswegen sind Mangelerscheinungen in unseren Breiten kaum bekannt.
- **Vitamin C** oder Ascorbinsäure, ist vor allem für seine Fähigkeit die Abwehrkräfte zu steigern bekannt. Es kurbelt den Zellstoffwechsel an und fungiert als Radikalfänger. Da es zu den wasserlöslichen Vitaminen gehört, wird es bei Überdosierung über den Urin ausgeschieden. Hohe Gaben nützen also nicht viel. Stattdessen sollte man darauf achten, Vitamin C über die Nahrung kontinuierlich aufzunehmen.

Sekundäre Pflanzenstoffe

Den bisher eingeführten bioaktiven Stoffen kommen wichtige Aufgaben im menschlichen Körper zu. Neben den bereits genannten Mineralstoffen, Ballaststoffen und Vitaminen, gibt es noch eine Stoffgruppe, die von außerordentlicher Bedeutung für die Gesundheit ist. Es sind die sogenannten sekundären Pflanzenstoffe, die so heißen, weil sie im Gegensatz zu den primären Pflanzenstoffen nicht dem Wachstum dienen, sondern für die Fortpflanzung und die Verteidigung der Pflanze zuständig sind. Es sind Farb-, Gift-, Duft- oder Geschmacksstoffe, die entweder Schädlinge in die Flucht schlagen, oder Insekten anlocken, die dann für die Fortpflanzung sorgen. Früher war man der Ansicht, dass Stoffe, die durch ihre „Giftigkeit" Pflanzenschädlingen den Garaus machten, auch für Menschen gefährlich seien. Diese Auffassung

Unreife Früchte.

begann sich mit dem Beginn der 1990er Jahre zu ändern, als amerikanische Wissenschaftler im Rahmen von Ernährungsstudien feststellten, dass Menschen, die mehr Obst und Gemüse aßen, eine geringere Krebsanfälligkeit zeigten. Nur mit der Wirkung der Vitamine konnte man dieses Ergebnis jedoch nicht erklären. Man kam zu dem Schluss, dass auch die sekundären Pflanzenstoffe den menschlichen Organismus zu einer verstärkten Enzymproduktion anregten.

Die wichtigsten sekundären Pflanzenstoffe sind:

- **Carotinoide** (Farbstoffe wie Beta-Carotin, Lycopin und Lutein kommen zum Beispiel in Tomaten oder Karotten vor)
- **Polyphenole** (u.a. Flavonoide und Phenolsäuren wirken v.a. antioxidativ und sind beispielsweise in roten und blauen Früchten, Beeren und Nüssen enthalten)
- **Glucosinolate** (Geschmacksstoffe, die z.B. dem Senf seine Schärfe geben, antioxidativ wirken und den Hormonhaushalt ausbalancieren)
- **Terpene** (Geruchsstoffe, die z.B. in Lavendel und Basilikum vorkommen; entgiften die Leber und machen Nitrosamine unschädlich)
- **Phytoöstrogene** (Pflanzenhormone wie Isoflavonoide und Lignane kommen vor allem in Sojaprodukten vor; wirken antioxidativ und können, in moderaten Mengen genossen, zu einem ausgewogenen Hormonhaushalt beitragen)

Heilkraft aus dem eigenen Garten: Aroniabeeren kurz vor der Ernte.

- **Phytosterine** (Bestandteile der pflanzlichen Zellmembranen, die in Pflanzen in etwa die gleichen Aufgabe erfüllen, wie Cholesterol im menschlichen Körper; durch ihre Anwesenheit wird die Cholesterinaufnahme im menschlichen Darm gesenkt, da es an die Stelle von Cholesterol tritt; Phytosterine kommen vor allem in fettreichen Pflanzenteilen, z.b. in Sonnenblumenkernen, Sesam etc. vor)
- **Protease-Inhibitoren** (enthalten z.b. in Sojaprodukten; sie blockieren die Arbeit einiger Enzyme und tragen damit vermutlich zur Krebsvorbeugung bei)
- **Saponine** (seifenähnliche Defensivstoffe bestimmter Pflanzen, die z.b. vor Pilzbefall schützen; v.a. in Hülsenfrüchten enthalten, binden sie u.a. Cholesterin)
- **Sulfide** (Geruchsstoffe, z.b. das Allinin im Knoblauch; Sulfide wirken antibiotisch, antiviral und antioxidativ)

Diese Übersicht gewährt nur einen kleinen Einblick in die vielfältigen gesundheitsfördernden Fähigkeiten der sekundären Pflanzenstoffe.
Im folgenden Abschnitt sollen nun zwei Vertreter aus der Gruppe der Polyphenole im Vordergrund stehen, da sie in der Aronia in besonderem Maße enthalten sind:

ANTHOCYANE UND PROCYANIDINE

Der Name der Anthocyane stammt aus dem Griechischen. *Anthos* bedeutet Blüte oder Blume, *kyaneos* dunkelblau. Es handelt sich um eine Gruppe wasserlöslicher Pflanzenfarbstoffe, die in fast allen Pflanzen vorkommen. Diese Farbstoffe verleihen den Pflanzen oder Teilen von ihnen ihre rote, violette, blaue oder blauschwarze Färbung. Deshalb finden sie in der Lebensmittelchemie vor allem als natürliche Farbstoffe Verwendung, zum Beispiel zur Färbung von Fruchtgelees, Süßwaren, Brause, Marmelade, Obstkonserven, Gebäck und Speiseeis.
Die Anthocyane reihen sich in die größere Gruppe der Flavonoide ein. Heute sind etwa 250 verschiedene Arten von Anthocyanen bekannt.
Anthocyane befinden sich nur im Zellsaft von Landpflanzen, jedoch nicht in Tieren, Mikroorganismen und Wasserpflanzen, denn um Anthocyane herzustellen, muss in einer Pflanze auch Photosynthese betrieben werden. Je nach Art der Pflanze können sie in jedem Pflanzenteil vorkommen. Man findet sie allerdings vorwiegend in Blüten und Früchten, aber auch in Blättern und Wurzeln.
Das Farbspektrum der Anthocyane reicht von blau bis rot. Alle natürlichen Farben sind hier möglich – bis auf grün. Die Färbung ist interessanterweise von der Umgebung abhängig. Auf diese Weise kann man schon von außen annähernd herausfinden, ob eine Frucht eher sauer oder süß ist. In sauren Pflanzen findet man eher Rotfärbungen, in basischen überwiegen blau und violett. Ein Beleg dafür wäre zum Beispiel das Experiment, das einigen noch aus der Schule vertraut ist: Rotkohlsaft wird von Säure hellrot gefärbt. Man spricht hier von einer sogenannten Indikatorwirkung.
In bestimmten Pflanzen sind Anthocyane sehr stark vertreten. In einem Kilogramm Brombeeren findet man etwa 1,5 Gramm. Besonders stark sind sie in

der Aroniabeere enthalten, mit einem Anteil von bis zu 2.147mg pro 100g Beeren. Weitere anthocyanreiche Pflanzen sind zum Beispiel Kirschen, Auberginen, blaue Trauben, Heidelbeeren, Rotkohl und Usambaraveilchen. Diese Früchte beziehungsweise Blüten, sind tiefrot bis blauschwarz gefärbt und neigen zum Abfärben. In hellen oder auch grünen Früchten, wie zum Beispiel Bananen, Spargel, Erbsen, Fenchel, Birnen und Kartoffeln, befinden sich allerdings kaum Anthocyane.

Bei der Aronia enthalten nicht nur die Früchte Anthocyane, sondern auch die Blätter. Wenn im Herbst die Photosynthese eingestellt wird und sich kein grünes Chlorophyll mehr bilden kann, treten andere Pflanzenfarbstoffe wie beispielsweise die Anthocyane verstärkt hervor. Die Blätter erstrahlen in einem tiefen Rot.

Bei jungen Pflanzen, die noch nicht ausreichend Chlorophyll produzieren können, werden vermehrt Anthocyane gebildet, um die Zellen besser gegen das aggressive UV-Licht schützen zu können.

Eine Schädigung der Proteine und der DNA im Zellkern wird somit verhindert. Experimentell konnte nachgewiesen werden, dass bei radioaktiver Bestrahlung sowie bei erhöhter Bestrahlung durch UV-Licht, Pflanzen mehr Anthocyane produzieren. Zudem führen diese Farbstoffe dazu, dass Insekten und andere Tiere durch die Färbung angelockt werden und somit zur Verbreitung der Pflanze beitragen. Eine weitere wichtige Aufgabe, die Anthocyane erfüllen, ist der Schutz der Zellen vor instabilen Sauerstoffverbindungen. Sie binden diese sogenannten freien Radikale und machen sie damit unschädlich. *Freie Radikale* sind, vereinfacht ausgedrückt, chemisch aggressive Zellgifte, die Zellen beziehungsweise Zellmembranen angreifen und zerstören können.

Zum Zellschutz tragen auch die Procyanidine bei. Procyanidine (oder Proanthocyanide) besitzen Gerbstoffeigenschaften und sind damit für den adstringierenden Geschmack der Beeren verantwortlich. Innerhalb der Pflanze wirken sie antimikrobiell und helfen ihr u.a. dabei, sich vor Fäulnis zu schützen. In besonderem Maße sind sie in den Früchten und in der Maische der Aronia enthalten. Der Saft enthält weniger Procyanidine. (Oszmianski, Jan 2005)

Vor allem dass sie die Eigenschaft besitzen, freie Radikale binden zu können, macht die Anthocyane und die Procyanidine interessant für die Medizin. Im folgenden Abschnitt soll nun auf Physiologie und gesundheitlichen Nutzen dieser beiden Stoffgruppen eingegangen werden.

Anthocyane-Werte in Früchten (mg/100g)

Aroniabeeren	2.147 mg
Brombeeren	845 mg
Blaubeeren, wild	705 mg
Schwarze Johannisbeeren	530 mg
Kirschen	170 mg
Himbeeren	116 mg
Erdbeeren	35 mg
Trauben	40 bis 190 mg

Quelle: Journal of Agricultural and Food Chemistry 2006

Anthocyane (Phenole) sind hochwirksame Antioxidantien. Der Vergleich zeigt die herausragende Stellung der Aronia.

Zu diesem Zweck seien zunächst einige wichtige Begriffe erörtert, die ein tieferes Verständnis der Wirkweise dieser sekundären Pflanzenstoffe ermöglichen.

Wie soeben erläutert, sind die Anthocyane und Procyanidine *Radikalfänger,* die auch als *Antioxidantien* bezeichnet werden. Freie Radikale sind extrem instabil und damit reaktionsfreudig, da es sich bei ihnen um Atome oder Moleküle handelt, die ein oder mehrere ungepaarte (= freie) Elektronen besitzen. Und weil einsame Elektronen bestrebt sind, ein Elektronenpaar zu bilden, lösen sie häufig eine Kettenreaktion aus, der dann wichtige zelluläre Verbindungen zum Opfer fallen. Besonders gefährlich ist auch ihre Fähigkeit, die DNS anzugreifen und zu zerstören, denn damit tragen sie unter anderem zur Entstehung von Krebs bei. Mit diesen aggressiven Stoffen setzt sich der menschliche Körper täglich auseinander. In einem gewissen Ausmaß wird ein gesunder Organismus auch problemlos mit den freien Radikalen fertig, er benötigt sie sogar für sein eigenes Abwehrsystem, um gegen Bakterien, Viren und defekte Zellen vorzugehen.

In der heutigen Zeit führen allerdings zahlreiche Umwelteinflüsse dazu, dass verstärkt freie Radikale entstehen. Intensive Sonnenbäder (UV-Licht), Smog, Medikamente, Asbest, ionisierende Strahlung aus Fernseher, Computerbildschirm oder Handy, falsche Ernährungsweisen (vitaminarm und reich an tierischen Fetten und Zucker) Umwelt- und Genussgifte (insbesondere Alkohol und Zigarettenrauch) sowie negativer Stress begünstigen die Entstehung dieser aggressiven Zellgifte.

Überwiegen die von freien Radikalen verursachten oxidativen Reaktionen, so spricht man von *oxidativem Stress.*

Freie Radikale und der dadurch bedingte oxidative Stress sind als wichtige gesundheitsschädigende Faktoren erkannt worden. Vor allem im Zusammenhang mit der Entstehung von Krebs finden die reaktionsfreudigen Zellgifte aufgrund ihres degenerativen Potenzials häufig Erwähnung. Sogar der Zellalterungsprozess und damit das Altern des Menschen an sich, hängt mit dem negativen Einfluss der freien Radikale und dem daraus resultierenden oxidativen Stress zusammen. Auch eine verstärkte Neigung zu Herzinfarkt und Arteriosklerose geht auf ihr Konto.

Um gezielt gegen ein Zuviel an freien Radikalen vorzugehen, ist es wichtig, sich möglichst viele Radikalfänger zuzuführen, um oxidativen Stress zu vermeiden und ein gesundes Gleichgewicht zu wahren. Je ungesünder die Lebensumstände sind, wie etwa bei Rauchern, desto mehr Antioxidantien werden benötigt.

Frisch geerntet.

Neben einer gesunden Ernährung sind aber auch andere Faktoren wichtig: möglichst viel Bewegung an der frischen Luft, körperliche und geistige Erholungspausen und eine ausreichende Flüssigkeitszufuhr. Diese vorbeugenden Maßnahmen können einen guten Schutz vor zahlreichen Zivilisationskrankheiten bieten. Wer aber bereits unter Beschwerden leidet, muss unbedingt bedenken, dass eine Selbstbehandlung zwar häufig sinnvoll sein kann, im Ernstfall aber den Gang zum Arzt nicht ersetzt.

Was genau steckt in Aronia?

Die Aroniabeere besteht nach dem bisherigen Forschungsstand aus **48 Inhaltsstoffen**: Den Großteil der frischen Früchte macht mit etwas 85% **Wasser** aus. Auch **Kohlenhydrate** kommen reichlich vor. Der Saft enthält die Zuckerarten **Glucose** und **Fructose**, sowie **Sorbit**, einen Zuckeraustauschstoff, der zwar ähnlich süß ist wie Haushaltszucker (Saccharose), aber den Blutzuckerspiegel weniger stark beeinflusst und den Zahnschmelz nicht angreift. Sorbit ist chemisch ein Zuckeralkohol, der vom Körper in Fructose umgewandelt wird. Besonders viel Sorbit ist in den Früchten der Eberesche (*Sorbus*) enthalten, woher sich auch der Name ableitet.

In den winzigen Kernen der Aronia ist Prof. Dr. rer. nat. Sabine E. Kulling zufolge – wie in Bittermandeln, Aprikosen- oder auch Apfelkernen – in sehr geringen Mengen Amygdalin enthalten, das in Gegenwart von Wasser die giftige Blausäure abspaltet. Dies geschieht allerdings nur, wenn man die Kerne zerbeißt. Vor allem Kinder sollten deshalb nicht zu viele frische Früchte auf einmal zu sich nehmen.

Die Aronia wird auch Gesundheits- oder Powerbeere genannt.

Organische Säuren

Die L-Apfelsäure (linksdrehende Apfelsäure), Chinasäure, Bernstein- und Citronensäure gehören zu den organischen Säuren, die als Stoffwechselprodukte in lebenden Organismen vorkommen. Die L-Apfelsäure ist zum Beispiel in (unreifen) Äpfeln, Weintrauben und Aroniabeeren enthalten und für den herb-sauren Geschmack dieser Früchte verantwortlich. Die in der Natur auftretenden organischen Säuren (z.B. Fruchtsäuren), sind wasserlöslich.

Werden die Beeren mittels Hitze zu Marmelade, Saft, Trocken-Beeren oder anderen Lebensmitteln verarbeitet, wird das Amygdalin in den Kernen unschädlich gemacht.

Die Aroniabeeren enthalten außerdem **Ballaststoffe**, wie z.B. **Pektin**, das in der Zellwand vorkommt. Pektin wird vielfach als Geliermittel verwendet und ist somit ein pflanzlicher Ersatz für Gelatine. Beim Pressen verbleibt das Pektin beinahe ausschließlich im Trester (Pressrückstand). Im Aroniasaft ist fast kein Pektin mehr enthalten.

Die aus Aminosäuren bestehenden **Proteine** (Eiweiße) machen etwa 0,7g pro 100g Beeren (Frischgewicht) aus.

Zudem enthält die Aroniabeere verschiedene **organische Säuren**. Besonders stark vertreten sind L-Apfelsäure, Chinasäure, Bernsteinsäure und Citronensäure.

Weiterhin kommen in der Aronia, außer B12 und D, alle für den Menschen lebenswichtigen **Vitamine** vor. Hier spielen insbesondere die Carotinoide (v.a. ß-Carotin oder **Provitamin A**) eine wichtige Rolle. Auch **B-Vitamine**, **Vitamin C**, **E** und **K** sind enthalten.

An **Mineralstoffen** findet man in der Aroniabeere vor allem **Kalium**, **Zink**, **Eisen** und **Jod**, aber auch **Kalzium**, **Magnesium** und **Mangan**.

Die wichtigste Rolle im Zusammenhang mit der gesundheitsfördernden Wirkung der Früchte, spielen die **sekundären Pflanzenstoffe**, allen voran die **Anthocyane** und **Proanthocyanidine**. Auch die **Gerbstoffe** zählen zu den Polyphenolen und damit zu den sekundären Pflanzenstoffen. Sie schützen die Pflanze u.a. vor Fäulnis und machen sie robust gegen Krankheiten und Schädlinge. Im menschlichen

Bei der Herstellung von Aroniasaft.

Inhaltsstoffe der Aronia

Wasser
Glucose & Fructose
Sorbit
Ballaststoffe (u.a. Pektin)
Proteine
Organische Säuren
Vitamine
Mineralstoffe
sekundäre Pflanzenstoffe (u.a. Anthocyane, Procyanidine und Gerbstoffe)

Organismus wirken sie entzündungshemmend und antibakteriell.

In der russischen Volksmedizin gilt die Aroniabeere als Allheilmittel. Hier findet sie Anwendung als Diuretikum, da sie die Urinausscheidung erhöht und somit bei Harnwegsinfektionen helfen soll, oder als blutdrucksenkendes Mittel, sowie in der Dermatologie.

Aufgrund der adstringierenden, also zusammenziehenden Wirkung der in Aronia enthaltenen Gerbsäure, findet die Frucht auch Anwendung im Bereich der Magen-Darm-Heilkunde und bei Leber- und Gallenbeschwerden.

Auch bei Hauterkrankungen und Allergien wird die Aroniabeere eingesetzt, da sie regulierend auf das Immunsystem einwirken kann und vermutlich zu einer Harmonisierung beiträgt. Diese Harmonisierung macht man sich in Russland zum Beispiel auch bei der Behandlung der Folgen einer Chemotherapie zu Nutze.

Das in der Frucht vorkommende Jod soll sich positiv auf einige Schilddrüsenerkrankungen auswirken.

In Russland wird Aronia auch bei Diabetes mellitus und bei Kinderkrankheiten wie Scharlach und Masern angewendet. Besonders hervorzuheben ist die entzündungshemmende Wirkung, die Aroniasaft einer 1994 veröffentlichten bulgarischen Studie zufolge haben soll.

6. Wissenschaft und Forschung. Medizinische Wirksamkeit.

Vor allem im osteuropäischen und im US-amerikanischen Raum sind zahlreiche wissenschaftliche Studien zur medizinischen Wirksamkeit der Aronia veröffentlicht worden. Doch auch in Deutschland werden die Inhaltsstoffe der Frucht hinsichtlich ihrer pharmakologischen Eigenschaften untersucht. Insbesondere die Anthocyane und die Procyanidine sind hier von Interesse.
Im Jahr 2006 begann an der Universität Regensburg unter der Leitung von Dr. Philipp Sand ein vom Bundesministerium für Bildung und Forschung (BMBF) unterstütztes Forschungsprojekt, das sich vor allem mit den vermuteten neuroprotektiven, d.h. die Nerven schützenden Eigenschaften der Anthocyane beschäftigt. Ein interdisziplinärer Verbund von Wissenschaftlern, zu denen u.a. Mediziner, Lebensmittelchemiker und Chemiker gehören, untersucht im Labor (in vitro) anhand von Heidelbeerextrakten die Effekte von Anthocyanen auf Tiere und schließlich auf den Menschen.
Im Tierversuch konnte man bereits positive Auswirkungen auf das Gehirn feststellen. So zeigte sich beispielsweise, dass das Gehirn im Alter leistungsfähiger war, wenn die Tiere mit dem Heidelbeerextrakt gefüttert wurden. Bald soll auch die Wirkung der Anthocyane am Menschen erforscht werden. Im Rahmen eines Doppelblindversuches mit einer Experimental- und einer Kontrollgruppe, wobei der Versuchsteilnehmer nicht weiß, ob er den Wirkstoff oder ein Placebo zu sich nimmt, sollen die Effekte auf das menschliche Gehirn erforscht werden. Diesen Effekten versucht man mit Hilfe von verschiedenen Tests (Konzentration, Gedächtnis u.v.m.) und mit bildgebenden Verfahren (z.B. Magnetresonanztomographie) auf die Spur zu kommen. Andrea Dreiseitel, die am Regensburger Forschungsprojekt beteiligt ist, hat sich in ihrer Doktorarbeit mit den Effekten der Anthocyane

auf den Gehirnstoffwechsel beschäftigt. In einem in der Wissenschaftszeitschrift „Pharmalogical Research" veröffentlichten Artikel gehen die Mitarbeiter vom Lehrstuhl für Psychiatrie, Psychosomatik und Psychotherapie der Universität Regensburg davon aus, dass die Anthocyane dazu in der Lage sind, zwei Enzyme zu hemmen, die für den Abbau von Neurotransmittern wie Noradrenalin, Serotonin und Dopamin verantwortlich sind. Bei Neurotransmittern handelt es sich um biochemische Botenstoffe, die für die Weiterleitung von Informationen von einer Nervenzelle zur nächsten verantwortlich sind. Wenn die Anthocyane nun die beiden Enzyme Monoaminooxidase (MAO) A und B hemmen, können diese den Abbau wichtiger Botenstoffe nicht mehr so leicht beschleunigen. Damit wird der Gehirnstoffwechsel positiv beeinflusst. Diese Wirkung könnte sich als hilfreich in der Behandlung der Parkinson-Erkrankung oder von Depressionen erweisen, da man davon ausgeht, dass bei diesen Erkrankungen ein Mangel an Serotonin und Dopamin eine gewissen Rolle spielt. Solche MAO-Hemmstoffe haben sich bereits in der Behandlung dieser Erkrankungen bewährt. Zwar reichen die durch die natürlichen Farbstoffe erzielten Effekte noch nicht an die Wirksamkeit der handelsüblichen Mittel heran, doch zeichnet sich eventuell die Möglichkeit ab, dass sie sich positiv für den Gehirnstoffwechsel nutzen lassen. Im Laborversuch konnte man bereits feststellen, dass die getesteten Anthocyane gut verträglich sind, da man keine nennenswerten Wechselwirkungen mit dem Arzneistoffwechsel feststellen konnte. Die erzielten Ergebnisse sind zwar kein Garant für die absolute Sicherheit aller Anthocyane, doch kann man davon ausgehen, dass die untersuchten Substanzen nicht toxisch (giftig) sind. Diese Information ist von enormer Bedeutung, bevor man mit Testreihen am Menschen beginnt.

Die Regensburger Forschungsgruppe.

Weiterhin versucht man herauszufinden, ob die Anthocyane dazu in der Lage sind, Enzyme zu hemmen, die sonst möglicherweise ungiftige Stoffe in Nervengifte umwandeln.

In Zürich wurden die möglichen Effekte von Anthocyanen auf chronische Darmentzündungen, insbesondere auf Colitis ulcerosa erforscht. Im Versuch an Mäusen hat sich bereits gezeigt, dass die Substanzen zu einer deutlichen Verbesserung des Gesundheitszustandes führen können. Die mit Heidelbeeren gefütterten Tiere erlitten beispielsweise einen geringeren Gewichtsverlust, die Entzündungen und Blutungen im Darm gingen zurück und die Mäuse litten seltener unter Durchfall. Nun gilt es noch zu klären, wie dieser Effekt zustande kommt, denn man hat festgestellt, dass Anthocyane nur in geringem Umfang in den menschlichen Blutkreislauf gelangen. Die Darmbakterien spalten die langkettigen Substanzen nämlich in kleinere Einheiten, die dann dem Organismus zur Verfügung stehen.

Wie bereits erwähnt, hat die Aronia mit bis zu 2.147 Milligramm pro 100 Gramm Beeren den höchsten Anthocyangehalt beim Beerenobst.

Die Lebensmittelchemikerin Prof. Dr. Sabine Kulling leitete das interdisziplinäre Forschungsprojekt „Procyanidine – Vom besseren Verständnis der Wirkung zur Entwicklung funktioneller Lebensmittel", an dem u.a. Wissenschaftler der Universitäten Potsdam und Braunschweig sowie das Max Rubner-Institut in Karlsruhe (Bundesforschungsinstitut für Ernährung und Lebensmittel) bis Ende 2009 beteiligt waren. Procyanidine (oder Proanthocyanidine) sind eine farblose Vorstufe der Anthocyanidine. Sie bestehen meist aus langkettigen Molekülen, die sich aus den monomeren Bausteinen Catechin und Epicatechin zusammensetzen.

Im Rahmen des Projektes wurden viele verschiedene Fragestellungen bearbeitet Von der Isolierung der Substanzen über die Bioverfügbarkeit bis hin zu Möglichkeiten, die Procyanidine in funktionellen Lebensmitteln zu verarbeiten. Auch der medizinische Nutzen, insbesondere in Bezug auf die Entstehung von Darmkrebs wurde untersucht.

Geforscht wurde mit Aroniabeeren und mit Traubenkernextrakt. In Bezug auf die Aroniafrüchte ist interessant, dass der Trester (Pressrückstand) besonders viele Wirkstoffe enthält.

Aus den Rohstoffen konnten Ernährungswissenschaftler verschiedene Verbindungen isolieren, zu deren Wirksamkeit schließlich geforscht wurde. So konnte

Aroniatrester-Pulver zur Nahrungsergänzung ist bereits in Kapseln verfügbar.

sowohl mit kurzkettigen als auch mit langkettigen Molekülen gearbeitet werden. Interessant ist nun, dass die kurzkettigen Moleküle (Monomere und Dimere) den Darm leichter passiert haben und eher ins Blut gelangt sind, die länger- und langkettigen Verbindungen (Oligomere und Polymere) aber sehr viel länger im Dickdarm verblieben, wo sie ab- und umgebaut wurden. Diese langkettigen Moleküle könnten auch eine wichtige Rolle bei der Bekämpfung von Darmkrebs spielen, denn im Rahmen von Laborversuchen mit verschiedenen Zelllinien konnte nachgewiesen werden, dass die oligomeren Verbindungen das Wachstum von Darmkrebszellen merklich hemmten, während die gesunden Zellen in ihrer Entwicklung kaum beeinträchtigt wurden.

Für funktionelle Lebensmittel könnte vor allem der stark wirkstoffhaltige Trester verarbeitet werden. Im getrockneten Trester ergeben sich die höchsten sogenannten ORAC-Werte pro Gramm (=antioxidative Kapazität). Ein Forschungsteam beschäftigte sich mit der Frage, wie man die Substanzen am besten extrahieren und weiterverarbeiten könnte. Dabei fand man heraus, dass weder das Erhitzen noch das Gefrieren die Inhaltsstoffe zerstörte. Hier ergeben sich also vielfältige Möglichkeiten, die wertvollen Substanzen aus den pflanzlichen Rohstoffen zu gewinnen und andere Lebensmittel damit anzureichern.

Die aktuellen Forschungsergebnisse der vom Bundesministerium für Bildung und Forschung (BMBF) unterstützten Projekte können unter http://www.bmbf.de/publikationen/2705.php als kostenlose Broschüre angefordert oder komplett mit Bildern etc. direkt als pdf-Datei heruntergeladen werden. Darin finden sich umfassende und verständlich geschriebene Informationen über die jüngsten wissenschaftlichen Studien zum Thema **Funktionelle Ernährungsforschung**. Auch die Anthocyane- und Procyanidine-Projekte, bei denen mit den Inhaltsstoffen von Aronia gearbeitet wurde, werden dort ausführlich vorgestellt.

7. Die Kultivierung der Aronia. Schön und anspruchslos

Als wir im Jahr 2005 in ein Haus zogen, war uns angesichts des großen Gartens noch nicht recht klar, ob wir den notwendigen, so genannten „grünen Daumen" haben würden. Im Biologiestudium lernt man zwar eine Menge über Pflanzen, man lernt aber nichts über den Umgang mit ihnen. Nun hatten wir also ein 3000 Quadratmeter großes Grundstück, sogar mit Weinberg, zur Verfügung und brannten darauf, eigene Gartenerfahrungen zu machen.

In unserem ersten Gartenherbst bekamen wir fünf Sträucher geschenkt. Der Kommentar dazu lautete: „Ihr könnt gar nichts falsch machen. Eigentlich braucht ihr so gut wie nichts zu tun. Das sind Apfelbeeren. Die wachsen sogar in Sibirien."
Ungläubig suchten wir nach einem schönen Plätzchen für die zunächst einmal recht unscheinbaren Sträucher. Wir machten uns eine Menge Gedanken und kamen zu dem Schluss, dass unsere Apfelbeeren es trotz ihrer Anspruchslosigkeit schön sonnig haben sollten. Den größten Aronia-Strauch pflanzten wir in die Nähe unseres Eingangs. Die restlichen bildeten eine Art Hecke. Der erste Winter 2005/06 war besonders hart und wir befürchteten, unsere frisch eingepflanzten Sträucher könnten Schaden nehmen. Im Gegensatz zu den Weinreben, die den Winter und den späten Frost schlecht verkraftet hatten, schienen unsere Aroniasträucher nicht unter der Kälte gelitten zu haben. Im Mai zeigten sich die ersten Blüten. Eigentlich ziemlich spät. Aber genau deswegen ist die Pflanze auch weniger empfindlich. Da Frühblüher durch späten Frost in ihrer Entwicklung stark zurückgeworfen werden, hält sich die Aronia noch eine Weile zurück. Eine wirklich kluge Taktik.

Bild: In ihrer Form erinnern die Aroniabeeren an kleine Äpfelchen.

Die Blüten, die an kleine Apfelblüten erinnern, lockten zahlreiche Bienen, Hummeln und Schmetterlinge an. Nach der Blüte konnte man schon bald die ersten Früchte erkennen. Kleine Beeren, die sich Woche für Woche dunkler färbten. Ende August waren die Früchte schließlich reif. Erstaunlicherweise sahen die Apfelbeeren tatsächlich wie kleine schwarze Äpfelchen aus. Wir probierten sie und befanden den Geschmack als etwas eigen, aber nicht schlecht. Heidelbeeren, Johannisbeeren und Co. sind sicherlich gefälliger im Geschmack, aber wenn man die Aronia zubereitet, bieten sich eine Menge kulinarische Möglichkeiten.

Im Herbst hielten unsere Sträucher noch eine besondere Überraschung für uns bereit: „Indian Summer" im Oberpfälzer Jura, ein strahlend farbenprächtiges Blattwerk. Wir waren begeistert und merkten erst im Winter, dass wir mit unseren Aronien tatsächlich eine Pflanze gefunden hatten, die ohne großen Aufwand viel zu bieten hatte.

Für diejenigen, die nun Lust bekommen haben, diesem schönen Strauch im Garten ein Zuhause zu bieten, haben wir einige Tipps:

In der Regel bekommt man gute Gehölze in der Baumschule oder mittlerweile bei Spezialversendern im Internet. Aufgrund strenger Kontrollen kommen Krankheiten und Schädlinge hier nur äußerst selten vor. Vor allem aber werden Sie etwas mehr über die angebotenen Sorten erfahren. Gelegentlich findet man Apfelbeersträucher auch im Gartencenter. Dort kennt man das Gehölz aber meist nur als Zierpflanze und hat oft lediglich eine Sorte vorrätig. Als Orientierungshilfe haben wir in Kapitel 11 eine kleine Liste mit Bezugsquellen zusammen gestellt. Der Versandhandel bietet aufgrund des geringen Bekanntheitsgrades der Aroina immer noch die größte Sortenvielfalt. Sie können natürlich auch bei einer Baumschule in Ihrer Nähe nach Aronia fragen.

Es gibt die Aronia als Strauch oder als Hochstamm, der gut vier Meter hoch werden kann. Der Hochstamm entsteht durch eine Veredelung auf eine Eberesche (Sorbus aucuparia) und stellt etwas höhere Ansprüche an Boden und Klima als die unveredelte Variante.

Wenn Sie sich für eine Sorte entschieden haben (am Ende dieses Kapitels finden Sie eine Auflistung der bekanntesten Sorten), sollten Sie einen Standort wählen, der eine genügende Boden- und Luftfeuchtigkeit gewährleistet. Die Aronia ist darüber hinaus eine lichtliebende Pflanze, die im Vollschatten nicht so recht gedeiht, also zumindest einen halbschattigen Standort bevorzugt. Ungünstig wirken sich ein hoher Kalkgehalt des Bodens sowie Trockenheit auf die Pflanze aus.

Aufgepfropft: Aronia auf Eberesche.

Wollen Sie mehrere Aronien nebeneinander pflanzen, so sollten Sie einen Pflanzabstand von etwa 1,5 bis 2 Meter einhalten.

Sie können die Stäucher auch mit verschiedenen anderen essbaren Wildfruchtbüschen zu einer Fress- oder Naschhecke kombinieren. Vor allem für Familiengärten ist diese Heckenart besonders geeignet, da die Kinder die Pflanzen über das Jahr hinweg beobachten können und alle Früchte auch essbar sind.

Zu den Aroniabeersträuchern passen gut Mispel, Felsenbirne, Sanddorn, Weißdorn, Kornelkirsche und Schlehe. Eine Naschhecke versorgt Sie nicht nur mit leckeren Früchten, sondern bietet auch vielen Tieren Unterschlupf und Nahrung. Zudem ist sie über das ganze Jahr hinweg ein schöner Blickfang.

Die Aronia ist extrem anspruchslos und passt sich sehr gut verschiedenen Bodenverhältnissen an. Selbst in höheren und Hanglagen, wie bei uns im Garten, gedeiht sie gut.

Auch an das Klima stellt die robuste Pflanze keine allzu großen Ansprüche. Im Kapitel über die Verbreitung wurde bereits erwähnt, dass die Aronia in Sibirien zum Anbau ausdrücklich empfohlen wird, da sie sehr frosthart ist.

Aufpassen sollten Sie aber in sehr heißen und trockenen Sommern. Dann muss die Pflanze reichlich bewässert werden, da die Früchte sonst frühzeitig reifen und am Strauch vertrocknen.

Sehr robust ist die Aronia auch gegenüber Krankheiten und Schädlingen. Lediglich Frostspanner (ein Schmetterling, dessen Larven vor allem an Bäumen erheblichen Schaden bis hin zum Kahlfraß anrichten können) und Ebereschenmotte (ein Kleinschmetterling, dessen Larve die Früchte befällt und sie mit Fraßgängen durchzieht) können in seltenen Fällen Probleme bereiten.

Die 8 mm lange Birnentriebwespe kann durch ihre Eiablage in junge Triebe gelegentlich auch Aronia und Eberesche schädigen, aber wie ihr Name schon nahe legt, bevorzugt sie Birnen- oder auch Apfelbäume. Das entstehende Schadbild – abgestorbene, verdorrte Triebe – ähnelt auf den ersten Blick dem des Feuerbrands und sorgt deshalb manchmal für Unsicherheit und Aufregung. Denn es ist nicht auszuschließen, dass die Apfelbeere, wie zahlreiche andere Kernobstgewächse auch, vor allem in wärmeren Gegenden durch die bakteriell verursachte Pflanzenkrankheit Feuerbrand (Erwinia amylovora) gefährdet ist. Besonders anfällig hierfür sind aber wiederum bestimmte Apfel- und Birnensorten. Der für den Menschen harmlose Feuerbrand ist meldepflichtig, da er bei

Ende August sind die Beeren fast reif.

unsachgemäßem Umgang mit befallenen Pflanzen weiter verschleppt werden und in der Folge zu enormen wirtschaftlichen Schäden führen könnte. Eine eindeutige Unterscheidung aber ermöglichen die Einstiche der Birnentriebwespe, bei näherem Hinsehen zu erkennen als bis zu 25 spiralig angeordnete kleine dunkle Punkte unterhalb der verdorrten Triebspitze. Der Schaden bleibt in der Regel gering. Wenn überhaupt, reicht als Bekämpfung das Abschneiden und Vernichten der befallenen Triebspitzen aus, in denen sich die Wespenlarven entwickeln.

Die hartnäckigsten „Schädlinge" der Aronia sind allerdings Vögel, die innerhalb von kürzester Zeit den gesamten Strauch plündern können. Ein Tag reicht, um die ganze Ernte zu verlieren. Beugen Sie also rechtzeitig mit Vogelnetzen vor, wenn Sie die Früchte selbst ernten wollen!

Hauptpflanzzeit für die Aronia ist der Herbst, bis in den Dezember hinein. Aber auch Sträucher, die im Frühjahr oder Sommer ausgepflanzt werden, wachsen gut an. Achten Sie schon beim Kauf darauf, dass die Pflanze vier bis fünf kräftige Triebe hat. Pflanzen Sie die Aronia fünf bis zehn Zentimeter tiefer in den Boden ein als sie in der Baumschule stand! Im großflächigen, wirtschaftlichen Anbau ist eine Umzäunung gegen Wildverbiss dringend anzuraten. Eine Düngung ist in der Regel nicht unbedingt erforderlich. Im Normalfall können Sie bereits im zweiten Standjahr reichlich ernten, da die Blüten sich selbst befruchten. Deshalb reicht eine einzelne Pflanze im Garten, um ernten zu können. Ein Strauch kann dann gut 20 Jahre lang Früchte tragen, aus der Ukraine wird sogar von bis zu 35 Jahren guten Ertrags berichtet. Für die Ernte gibt es ein relativ großes Zeitfenster von Ende August bis in den späten September hinein. Deshalb sollten Sie die Beeren nicht zu frühzeitig pflücken (sofern sie vor Vögeln geschützt sind!), um einen

Krankheiten und Schädlinge sind für die Apfelbeere selten ein Problem.

Aronia Melanocarpa Wildsorte.

möglichen Geschmacksgewinn nicht zu verschenken. Im professionellen Anbau wird etwa ab 80 Grad Oechsle geerntet, dieser Wert kann sich aber bei günstiger Witterung noch bis über 90 Grad Oechsle steigern. Bedenken Sie bei der Ernte, dass die Beeren aufgrund des hohen Anthocyan-Gehaltes extrem stark färben. Nach dem Pflücken sollten die Aroniabeeren bald verarbeitet werden, da Sie, im Vergleich zu anderen Strauchbeeren zwar relativ lange, maximal aber nur zwei Wochen lagerfähig sind.

Der Aronia-Strauch erfordert keinen komplizierten Schnitt. Bei unveredelten Pflanzen sollte in den ersten Standjahren ein Aufbau- bzw. Auslichtungsschnitt vorgenommen werden. Später ist ein Verjüngungsschnitt erforderlich. Grundsätzlich gilt: Je mehr man schneidet, desto kräftiger treibt die Pflanze aus.

Bei veredelten Sorten müssen daneben noch sämtliche Triebe, die sich in Bodennähe unterhalb der Veredelungsstelle bilden, entfernt werden.

Für die Vermehrung der Aronia braucht es reichlich Geduld und Sachkenntnis. Es ist möglich, sie durch Samen (nur unveredelter Aronia!) zu vermehren. Die vegetative oder Stecklingsvermehrung (durch Ableger oder Abriss), gelingt im Freiland leider nur selten, aber in einem Gewächshaus kann man bei Sprühbewässerung und günstigen Temperaturen druchaus Erfolg haben. Am einfachsten ist es natürlich, sich bereits „fertige" Pflanzen zu kaufen. Die Aronia eignet sich übrigens auch als Heckenpflanze. Dann sollte der Pflanzabstand natürlich geringer (ca. 50 cm) sein. Aber auch in Einzelstellung oder als Gruppe ist sie vor allem im Herbst sehr schön. Die Haltung im Topf ist ebenfalls möglich. In diesem Fall sollte man auf eine regelmäßige Bewässerung und einen sonnigen Standort achten. Aufgrund der einfachen Kultivierung der Aronia, ist sie auch für den Anbau im Schulgarten sehr gut geeignet.

Die Aronia als Heckenpflanze.   **Einjährige Sämlinge.**

Hier die bekanntesten Sorten und Auslesen im Überblick

Nero (*Aronia prunifolia Nero*) reift relativ spät und hat einen etwas aufrechteren Wuchs als die Wildform. Sie ist in Osteuropa gezüchtet worden (vermutlich in der Slowakei) und hat vergleichsweise große Früchte. Der Strauch kann bis zwei Meter hoch und etwa zwei Meter breit werden. Sie kann auch auf eine Eberesche veredelt werden.
Viking (*Aronia melanocarpa Viking*) stammt aus Finnland und bringt, wie Nero, relativ hohe Erträge.
Rubina (*Aronia melanocarpa Rubina*) ist eine Kreuzung aus Viking und einer russischen Sorte. Daher ist sie sehr frosthart. Sie reift früher als z.B. Nero und verträgt starke Niederschläge sehr gut. Der Strauch wird etwa 1,5 bis 1,8 Meter hoch und muss regelmäßig geschnitten werden.
Hugin ist eine Sorte aus Schweden, die ihren Merkmalen zufolge zwischen den Arten *Aronia melanocarpa* und *Aronia prunifolia* steht. Sie kann durch Samen vermehrt werden, und wird etwa 1,5 Meter hoch. Sie hat relativ kleine Beeren und bringt eher geringe Erträge.
Daneben gibt es noch die Auslese **Fertödi** (*Aronia melanocarpa* aus Ungarn), die dänischen Sorten **Aron** und **Serina**; **Hakkija** und **Ahonnen** aus Finnland, **Moravska sladkoploda** aus der Slowakei sowie **Kashamachi**, **Mandschurica** und **Estland**. Diese Sorten sind derzeit anerkannt und in der *Beschreibenden Sortenliste Wildobstarten* des Bundessortenamtes verzeichnet.

Winter in der Hochstamm-Plantage bei Stolpen.

8. Gesunde und schmackhafte Aronia. Produkte und Rezepte

Mit ihrem Bekanntheitsgrad ist auch die Nachfrage nach Produkten aus Aronia in den Jahren 2008 und 2009 gestiegen. Entsprechend haben sich der Markt und ein erweitertes Angebot entwickelt. Wie bereits erwähnt, enthalten die Aronia-Kerne der frischen Frucht in sehr geringen Mengen Amygdalin, das aber nur freigesetzt werden kann, wenn die klitzekleinen Kerne zerbissen werden. Der Verzehr frischer Aroniabeeren sollte sich deshalb in Grenzen halten. Die Weiterverarbeitung der Beeren mittels Hitze (Trocknen, Kochen) macht aber das Amygdalin völlig unschädlich.

Die Palette der angebotenen Aronia-Produkte reicht von Pillen und Kapseln als Nahrungsmittelergänzung bis zu Getränken und „Wunderelixieren". Der naturreine Direktsaft enthält noch viele wertvolle Inhaltsstoffe, die sogar auch bei aus Konzentrat hergestellten Aronia-Getränken zumeist weitgehend erhalten bleiben. Mittlerweile sind viele verschiedene Säfte und Nektare auf dem Markt. Informieren Sie sich doch in Ihrer Apotheke, im Reform-, Bio- oder Naturkostfachhandel, bei einigen großen Weinhändlern sowie bei spezialisierten Aronia-Händlern! Oft werden Produkte erst bei verstärkter Nachfrage in das Sortiment aufgenommen. Wenn Sie einmal die Inhaltsliste vor allem roter Fruchtsaftmischungen lesen, werden Sie feststellen, dass viele Säfte Auszüge aus Aronia enthalten. Diese tragen vor allem zur schönen roten Färbung bei. Der gesundheitliche Nutzen ist dabei allerdings bestenfalls ein positiver Nebeneffekt. Auch Molkereierzeugnisse werden häufig mit Aroniasaft gefärbt.

In Apotheken gibt es eine wachsende Zahl von Aronia-Präparaten. Die Auswahl ist aber noch nicht so umfassend wie etwa in Russland, denn dort ist es gewissermaßen seit Jahrzehnten Tradition, Vitamintabletten aus den Aroniafrüchten herzustellen.

Angeboten werden mittlerweile auch verschiedene Kosmetikprodukte (Cremes, Lippenstifte) und zahlreiche Nahrungsmittel, die Aronia enthalten. Die Produktpalette reicht hier von Müslimischungen mit getrockneten Aroniabeeren, Konfitüren, Riegeln, Snacks, Tee, Wein und Likör, über Aronia-Senf, der übrigens ausgezeichnet schmeckt, bis hin zur Aroniawurst.

Sollten Sie das Glück haben, Selbstversorger zu sein oder anderweitig an die gesunden Beeren zu kommen, probieren Sie doch mal aus, selbst etwas daraus zuzubereiten. Der Fantasie sind dabei keine Grenzen gesetzt!
Wir haben selbst einige Rezepte zusammengetragen. Der Schweizer Koch Veiko Hellwig, der Bäcker Derks aus Kranenburg und Aronia Original haben ebenfalls Rezepte beigesteuert.
Freilich können Sie alle Rezepte nach Belieben variieren. Oft lassen sich auch Zubereitungsarten von anderen Beeren oder Wildfrüchten übertragen. Experimentieren Sie einfach ein bisschen! Es wird sich lohnen!

Zuckerfreie Alternativen
Sollten Sie aus gesundheitlichen Gründen oder weil Sie sich bewusst ernähren möchten auf Zucker verzichten wollen, können Sie dies folgendermaßen tun:
Besonders gut lässt sich Zucker durch **Agavendicksaft** ersetzen. Dieses Süßungsmittel enthält sehr viel weniger Kalorien als Zucker und zeichnet sich durch seine hohe und neutrale Süßkraft aus. Er besitzt keinen so starken Eigengeschmack wie z.B. Honig. Da dieses natürliche Süßungsmittel eine stärkere Süßkraft als Haushaltszucker hat, reicht es, wenn man etwa ¾ der empfohlenen Zuckermenge verwendet. Also statt 100 g Zucker, 75 ml Agavendicksaft.
Am besten experimentieren Sie ein bisschen mit dieser gesunden Süße!
Natürlich kann Zucker, vor allem bei Backwaren, auch durch **Honig** ersetzt werden. Hier passt der charakteristische Honiggeschmack zumeist sehr gut.
Auch **Apfelsüße** bietet sich als Alternative zum weißen Kristallzucker an. Sie besitzt in etwa die Süßkraft von Haushaltszucker und ist wie Agavendicksaft recht geschmacksneutral. Hier empfiehlt es sich ebenfalls, selbst auszutesten, welche Menge den eigenen Geschmack am ehesten trifft.
Bei Marmeladen, die üblicherweise mit Gelierzucker gekocht werden, müssen Sie als Geliermittel **Pektin** und **(Zitronen)säure** zusetzen. Sie können, je nach Mischung und damit Pektingehalt der Früchte, zunächst Zitronensaft beimengen und dann die Gelierprobe machen. Schließlich kann man noch Pektin hinzufügen. Bei der Gelierprobe geben Sie einen Löffel mit der Marmelade auf einen kalten Teller – wird die Masse schnell fest, ist die Marmelade fertig.
Da die Aroniabeere allein (also keine gemischte Marmelade) einen recht hohen Pektingehalt aufweist, kann man auch naturreinen **Apfel- oder Quittensaft** zur Herstellung der Marmelade verwenden. Darin sind sowohl Pektin als auch Säure enthalten.
Gelees lassen sich auch mit **Agar-Agar**, einem natürlichen Geliermittel aus Algen, und Honig herstellen. Dazu nehmen Sie 1 Liter Saft (z.B. Aronia und Kirsche), 4 TL Agar-Agar und 100 g Honig. Das geschmacksneutrale Agar-Agar wird in den

Saft gerührt, der stetig erhitzt wird, aber nicht sprudelnd kochen sollte. Schließlich wird noch der Honig dazugegeben.

Beachten Sie bitte bei der Herstellung von zuckerfreier Marmelade, dass die Haltbarkeit verkürzt ist. Stellen Sie deshalb am besten nur kleinere Mengen davon her, die Sie zügig verzehren können.

Trocknen

Sie können die Früchte an der Luft – im Freien, auf dem Dachboden – oder im Dörrgerät trocknen. Achten Sie darauf, die Früchte regelmäßig zu wenden. Die getrockneten Aronia-Beeren eignen sich beispielsweise hervorragend als Bestandteil von Früchteteemischungen, z.B. gemeinsam mit süßen Apfelstückchen, Hibiskusblüten, Hagebuttenschalen und Sanddornbeeren. Aber auch im Müsli, im Studentenfutter oder in Gewürzkuchen können sie eine gesunde Nahrungsergänzung sein.

Aronia-Nektarinen-Konfitüre

Zutaten
700-800 g Aroniabeeren
700 g Nektarinen
Gelierzucker nach Fruchtmenge (Packung beachten!)

Zubereitung:

Kochen Sie die Aroniabeeren mit etwas Zucker auf. Wenn die Masse weich geworden ist, passieren Sie sie durch ein Sieb. Messen Sie 500 ml von der Masse ab. Die Nektarinen müssen halbiert und entsteint werden. Wiegen Sie 500 g ab und pürieren Sie die Früchte mit dem Pürierstab. Die beiden Fruchtmassen in einen Topf geben und nochmals mit Gelierzucker aufkochen. Füllen Sie die Marmelade in heiße Gläser.

Sie können auch eine Aronia-Marmelade ohne Nektarinen herstellen. Wenn Sie 2/3 Aroniabeeren und 1/3 grüne Äpfel nehmen, haben Sie ein hervorragendes Geliermittel. Zucker und Zitronensaft und bei Bedarf etwas Rum dazugeben.

Aronia-Johannisbeer-Eis

Das Rezept ergibt ca. 0,8 Liter Eis. Statt Johannisbeeren kann man auch andere Früchte oder Beeren nehmen. Man sollte allerdings darauf achten, dass diese sauer schmecken, da die Aronia eine eher „herbe" Komponente ist.

Zutaten
100 g Aroniabeeren
100 g Johannisbeeren
80 g feiner Kristallzucker
0,2 l Milch
120 g Sahne
1 Eigelb

Zubereitung:
Aronia- und Johannisbeeren mit Zucker und Milch pürieren.
Die gut gekühlte Sahne steif schlagen.
Das Eigelb verquirlen und unter die Sahne mischen.
Beerenmilch und Eiersahne mischen und ca. 20 Minuten ins Gefrierfach stellen (nicht länger, damit es nicht kristallisiert).
Die gekühlte Mischung danach nochmal kurz aufschlagen und dann in die Eismaschine füllen.
In der Eismaschine ca. 35-40 Minuten rühren lassen.

Kompott

Zutaten
1 kg Aroniabeeren
0,5 l Wasser
300 g Zucker

Zubereitung:
Lösen Sie den Zucker im kochenden Wasser. Geben Sie die gewaschenen Beeren dazu und erhitzen Sie das Ganze erneut auf 90°C. Lassen Sie die Masse langsam (30-60 Minuten) abkühlen und füllen Sie die Mischung in vorgewärmte Gläser. Pasteurisieren Sie das Kompott 20 Minuten lang bei 85°C. Pasteurisieren ist ganz einfach: Füllen Sie ein Backblech etwa 1 cm hoch mit Wasser und stellen Sie die gefüllten Gläser so darauf, dass sie sich nicht berühren. Heizen Sie das Backrohr auf etwa 80-85° C und halten Sie die Temperatur etwa 15-20 Minuten lang. Nach dem Pasteurisieren müssen die Gläser sofort mit Schraubdeckeln verschlossen werden.

Eingemachte Aroniabeeren

Zutaten
1 kg Aroniabeeren
500 g weiße oder rote Johannisbeeren
1 kleine Zitrone
Wasser
1 kg Zucker

Zubereitung:
Waschen Sie die Beeren gründlich und zerkleinern Sie die Zitrone. Kochen Sie Beeren und Zitrone mit Wasser bedeckt auf. Sieben Sie die Masse ab und wiegen Sie den Saft ab. Mengen Sie der Fruchtmasse ¾ des Gewichtes (des Saftes) an Zucker bei. Bringen Sie das Gemisch abermals zum Kochen. Füllen Sie die Fruchtmasse in Gläser. Die eingemachten Apfelbeeren passen gut zu Wild und zu Kartoffelgerichten.

Aroniabeersoße

Zutaten
je 100 g Früchte
100 g Zucker
0,1 l Wasser

Zubereitung:
Waschen und zerstampfen Sie die Beeren. Geben Sie Zucker und Wasser dazu und erwärmen Sie die Mischung vorsichtig. Der Zucker muss sich lösen. Verfeinern Sie die Soße nach Belieben zum Beispiel mit Senf, Meerrettich, Pfeffer, Koriander, geraspelten Orangenschalen, Zitronensaft oder Weinbrand. Die Soße passt ideal zu Wildgerichten oder gebackenem Camembert.

Aronia-Likör

Zutaten
¼ l Aroniapresssaft
¾ l Weinbrand
(mindestens 38 %)
200 g Zucker

Zubereitung:
Mischen Sie Presssaft, Weinbrand und Zucker und lassen Sie das Ganze einen Tag lang stehen.

Nach dem Filtern, können Sie den Likör abfüllen und 6 Wochen in der Flasche reifen lassen.

Sie können auch die Beeren (nicht den Saft) mit Alkohol (40-50%) und Zucker in einem Gärballon (oder Flaschen) ansetzen. In einen 3-Liter-Ballon füllen Sie dann etwa 2 Liter Beeren und ein knappes halbes Kilo Zucker. Dieses Gemisch füllen Sie dann mit dem Alkohol auf. Nach 6 bis 8 Wochen können Sie den Likör genießen.

Aroniawein

Die Herstellung des Aroniaweines ist eine etwas anspruchsvollere Angelegenheit, wenn man noch keine Erfahrungen mit der Herstellung von Wein gesammelt hat. Wir mussten uns das Verfahren zunächst auch erklären lassen. Anfangs sind uns noch einige Pannen passiert. Nach einiger Zeit klappt es aber ganz gut und wir können mittlerweile selbst ganz gute Weine herstellen.

Zutaten
10 kg Aronia
1,5 kg Zucker
2 l Wasser
Weinhefe, Hefenährsalz

Zubereitung:
Entsaften Sie die Beeren in einer Fruchtsaftzentrifuge (kein Dampfentsafter!). Geben Sie zur Herstellung eines kräftigen Gäransatzes ¼ Liter Apfelsaft und Hefe in eine ½-Liter Flasche und verschließen Sie die Flasche locker mit einem Wattepfropf. Sobald die Mischung zu gären beginnt (abhängig von der Temperatur nach etwa 2 bis 3 Tagen), können Sie 2 Liter Pressaft und den Gäransatz in einen 10-Liter-Ballon geben. Wenn diese Mischung nach etwa 3 weiteren Tagen kräftig gärt, geben Sie den restlichen  Pressaft dazu. Nach 4 bis 7 Tagen lässt die Gärung nach. Nun können Sie den Zucker in 2 Liter Wasser lösen und vorsichtig in den Gärballon geben.
Nach der Hauptgärung sollten Sie den Ballon kühl stellen und etwa 2 Wochen nachgären lassen. Die Flaschen nach dem Abfüllen am besten kühl lagern, da der Wein zur Nachgärung neigt. Sollte die Gärung stocken, geben Sie etwas Hefenährsalz dazu. Verfeinern können Sie den Wein durch Zugabe von Heidelbeer- oder schwarzem Johannisbeersaft.

Koch Veiko Hellwig empfiehlt

Aronia-Apfel-Konfitüre

Zutaten für ca. 2 kg
400 g Aroniabeeren
1 kg Kochäpfel (säuerlich, Boskop oder ähnliche)
1 große unbehandelte Orange
2 unbehandelte Zitronen
1 Zimtstange
½ Teelöffel Zimtpulver
1 kg Zucker

Aroniabeeren und die grob zerkleinerten Äpfel mit Schale und ohne Kerngehäuse in einen großen Topf geben. Den Saft der Orange und Zitrone dazu geben. Orangenschalen und Zitronenschalen, grob zerkleinert, sowie Zimtstange und Zimt hinzufügen. Alles zugedeckt ca. 1 Stunde weich zerkochen lassen.

Danach die gesamte Masse passieren und den Topf grob reinigen. Den passierten Fruchtbrei zurück in den Topf geben und den Zucker hinzufügen. Bei schwacher Hitze unter ständigem Rühren aufkochen lassen.
Dann sprudelnd kochen bis die Masse geliert. Anschließend abschäumen, in vorbereitete heiße Schraubgläser randvoll einfüllen und verschließen. Auf den Kopf gestellt 30 Minuten abkühlen lassen, dann umdrehen, vollständig auskühlen lassen und am nächsten Tag etikettieren oder beschriften.

Aronia-Apfelsaft-Gelee

Zutaten für ca. 2 Liter
½ l Aroniasaft
¼ l Apfelsaft (naturtrüb oder klar)
Saft von 1 Zitrone
1 kg Gelierzucker
5 Stern-Anis
1 Zimtstange

200 ml Aroniasaft mit dem Zimt und Anis aufkochen und 10 Minuten ziehen lassen.

Den restlichen Saft mit dem Zitronensaft und dem eingerührten Zucker aufkochen lassen (Achtung: Dabei bleiben, kocht leicht über!). Den Gewürzsud abseihen und dazu geben. Alles nach dem Abschäumen 4 Minuten unter Rühren stark kochen lassen. Gelierprobe machen. Nach Erreichen des Gelierpunktes das Gelee in vorgewärmte Schraubgläser randvoll einfüllen und verschließen. Auf den Kopf gestellt 30 Minuten abkühlen lassen. Dann umdrehen, vollständig auskühlen lassen und am nächsten Tag etikettieren oder beschriften.

Tipp: Sweet/sour, passend zum Käse oder als Dippsauce. Den Gewürzsud aus 100 ml Aceto Balsamico oder feinem Himbeeressig und 100 ml Aroniasaft herstellen und dann wie beschrieben hinzufügen.

Aronia-Glühfrucht

Zutaten für ca. 2 l
1 l Apfelsaft
½ l Aroniasaft
½ l Rooibos-Tee
Unbehandelte Orangen- und Zitronenschalen
Zimtrinde
Nelken
Stern-Anis
Fenchel
Saft von ½ Zitrone

Zubereitung:
Glühweingewürze, bestehend aus Orangenschalen, Zitronenschalen, Zimtrinde, Nelken, Stern-Anis, Fenchel und dem ½ Liter gekochten Rooibos-Tee hinzufügen, aufkochen lassen und 10 Minuten ziehen lassen.
Aroniasaft und Apfelsaft in einen Topf geben, den Gewürztee durchgesiebt dazu geben, erhitzen (nicht kochen!). Vor dem Servieren Zitronensaft dazu geben, je nach Belieben mit Honig oder Kandiszucker süßen und mit Orangenscheiben garnieren. Für Erwachsene auch sehr fein mit einem Güx (Schuss) Rum oder Obstbrand.

Aronia-Rosinen

Zutaten
1 kg Aroniabeeren
500 g Zucker
½ l Wasser

Zubereitung:
Zutaten zusammen aufkochen lassen. Hitze abschalten. 3 Stunden stehen lassen.

Die Beeren abseihen. Den Saft als Sirup - mit Wasser und etwas Zitronensaft verdünnt - verwenden.

Die Beeren anschließend auf ein Backblech geben, bei 100 Grad Umlufthitze ca. 1 Std. im Backofen trocknen lassen. Ideal zu Müsli, im Kuchen oder als Nascherei für Zwischendurch.

Bäcker Derks´ Aronia-Torte

Zutaten
Ein Wienerboden (Tortenboden)
350 g Aroniakonfitüre
0,5 l Sahne
0,1 l Aroniasaft

Zubereitung:
Schneiden Sie den Tortenboden zwei Mal quer durch und tragen Sie auf den unteren Boden 250 g Aroniakonfitüre auf. Die geschlagene Sahne mit 100 g Aroniakonfitüre und 100 ml Aroniasaft verrühren und den bestrichenen Tortenboden sowie die obere Schicht damit füllen. Schön glatt einstreichen und die Deckschicht mit Sahne und Aroniakonfitüre wie auf dem Foto ausgarnieren.

Aronia Original empfiehlt

Aroniabeerkuchen mit Streusel

Zutaten
200 g getrocknete Aroniabeeren
200 g Weinbrand oder Saft
200 ml Apfelsaft
2 gestr. EL Zucker
1 Päckchen Vanillezucker
1 Päckchen Backpulver
3 EL Vanillepudding-Pulver

Teig für Streusel und Boden
300 g Mehl
200 g Butter oder zur Hälfte Margarine
200 g Zucker
1 Eigelb (Eiweiß für Quarkmasse
steif schlagen)
1 Päckchen Vanillezucker

Zubereitung:
Belag: Am Vortag die Beeren mit dem Weinbrand und/oder Saft einweichen. 2 EL Zucker und 1 Päckchen Vanillezucker zufügen.
Am nächsten Tag Früchte mit der Flüssigkeit kurz aufkochen. 2 EL Vanillepudding-Pulver in etwas kaltem Wasser lösen und dann in die kochenden Beeren einrühren. Vom Herd nehmen und auskühlen lassen.
Teig: Butter/Margarine, das Eigelb und 160 g Zucker schaumig rühren, 300 g Mehl darüber sieben, je 1 Päckchen Backpulver und Vanillezucker zufügen, kräftig durchkneten. Die eine Hälfte des Teigs als Boden verwenden, die andere Hälfte für Streusel beiseite legen.
Füllung: 300 g Sahnequark, 1 EL Vanillepudding-Pulver und 40 g Zucker verrühren, das steif geschlagene Eiweiß unterheben. Die Quarkmasse auf dem Kuchenboden verteilen, Beerenmasse vorsichtig darauf geben und mit Streusel aus dem Restteig bedecken. 40 Minuten bei 200 Grad backen, evtl. mit Backpapier abdecken.

Aronia-Muffins

Zutaten
200 g Mehl
50 g feine Haferflocken
½ TL Natron
2 TL Backpulver
300 g Aroniabeeren
2 Eier
180 g brauner Zucker
150 g weiche Butter
1 Päckchen Vanillezucker
300 g Sauerrahm

Zubereitung:
Backofen auf 180 Grad vorheizen.
Mehl in eine Schüssel geben und mit Backpulver, Natron und Haferflocken sorgfältig mischen. In einer anderen Schüssel Eier leicht verquirlen, Zucker, Butter, Vanillezucker und den Sauerrahm dazu geben und gut verrühren. Zuletzt Mehlmischung unterrühren und die gut abgetropften Aroniabeeren vorsichtig unterheben. Fertigen Teig in die Papierförmchen in der vorbereiteten Muffin-Backform einfüllen und 20 bis 25 Minuten backen. Nach dem Backen vor dem Herausnehmen in der Form 5 Minuten ruhen lassen.

9. Glossar

Ableger Durch Ablegen oder auch Absenken können Pflanzen vermehrt werden. Dabei wird ein Zweig nach unten gebogen, mit Erde bedeckt und so befestigt, dass das Ende aus der Erde herausschaut. Der unterirdische Teil schlägt Wurzeln und bildet damit eine neue Pflanze.

Altai-Gebiet Region im südlichen Sibirien, das sich an der russischen Grenze zu Kasachstan, China und der Mongolei befindet. Das Gebiet ist gebirgig, sehr dünn besiedelt und vorwiegend landwirtschaftlich geprägt. Es herrscht ein kontinentales Klima mit sehr kalten Wintern und heißen Sommern.

Aminosäuren sind die Grundbausteine der Proteine. Ein Organismus kann einige Aminosäuren selbst herstellen, andere (essentielle) müssen über die Nahrung zugeführt werden. Für die Bildung der unterschiedlichen Proteine beim Menschen sind 20 verschiedene Aminosäuren zuständig.

Anthocyane (von griechisch: *anthos* = Blüte und *kyaneos* = blau) Farbstoffe in Pflanzen die Teile wie Blüten oder Früchten ihre rote bis bläulich-schwarze Färbung verleihen. Sie zählen zu den sekundären Pflanzenstoffen. Die Anthocyane schützen die Pflanzen vor UV-Licht, locken Insekten an und binden freie Radikale. Im Versuch zeigt sich eine starke antioxidative Wirkung. Den Anthocyanen wird eine gesundheitsfördernde Wirkung zugeschrieben.
Im Gegensatz zu den Anthocyanidinen verfügen die Anthocyane über eine glycosidische Bindung mit einem Zuckerrest.

Aufbauschnitt Junge Pflanzen müssen im Holz und in der Form aufgebaut werden. Ziel des Aufbauschnitts ist es deshalb, möglichst gleichmäßig angeordnete Äste und Zweige zu bekommen, um eine gute Licht- und Luftdurchlässigkeit zu gewährleisten.

Auslichtungsschnitt Durch diese Pflegemaßnahme am Baum soll das Gewicht ausladender Äste vermindert werden, so dass mehr Licht in das Innere der Baumkrone gelangen kann. Auch der Wind verliert so an Angriffsfläche, was sich positiv auf den Gesundheitszustand der Pflanze auswirkt.

Bioaktive Stoffe Inhaltsstoffe von pflanzlichen Lebensmitteln, die zwar selbst keinen Nährstoffcharakter besitzen, aber positive Auswirkungen auf die Gesundheit haben. Besonders wichtig sind die sogenannten *sekundären Pflanzenstoffe*. Aber auch Pflanzenfasern und bestimmte Substanzen, die in fermentierten Lebensmitteln enthalten sind, gehören dazu.

Chlorophyll Farbpigment, das den Grünpflanzen ihre Färbung verleiht. Chlorophyll dient der Absorption des Sonnenlichtes und spielt deshalb eine wichtige Rolle bei der Photosynthese.

Diuretikum Arzneimittel, das entwässernd wirkt. Auch Kaffee und Tee entwässern den menschlichen Organismus.

DNA bzw. **DNS** Die **D**esoxyribo**n**ucleins̲äure (engl. a̲cid) enthält alle genetischen Informationen.

Ebereschenmotte Abendaktiver Kleinschmetterling, der im Raupenstadium sehr flach ist und in den Blättern von Bäumen lebt, durch welche er sich quer hindurchfrisst.

Effektive Mikroorganismen *(EM)* Die arbeit mit EM ist eine Methode, die vorwiegend in der Landwirtschaft angewandt wird, um den Boden zu verbessern sowie Pflanzen zu behandeln und zu stärken. Teruo Higa, ein japanischer Agrarwissenschaftler, hat diese Methode in den 1970er Jahren entwickelt. Durch Düngen bzw. Besprühen mit verschiedenen Mikroorganismen (v.a. Milchsäurebakterien und Hefen) sollen „lebensfeindliche Prozesse" (Higa) weitgehend unterbunden werden. Die Methode ist allerdings bislang wissenschaftlich noch nicht anerkannt.

Enzyme Chemische Stoffe, die bestimmte Reaktionen beschleunigen können (Katalysatorwirkung). Sie spielen für den Stoffwechsel, insbesondere für die Verdauung, eine sehr wichtige Rolle. Enzyme werden weitgehend vom Körper selbst hergestellt.

Flavonoide Gruppe von Pflanzenfarbstoffen, die im menschlichen Körper entzündungshemmend, gefäßstärkend, antiviral, antioxidativ und krampflösend wirken können. Einige Flavonoide schützen nachweislich vor Herz-Kreislauferkrankungen und vor Krebs.

Freie Radikale Chemisch aggressive Zellgifte, die Zellen beziehungsweise Zellmembranen angreifen und zerstören können. Freie Radikale sind extrem instabil und damit reaktionsfreudig, da es sich um Atome oder Moleküle handelt, die ein oder mehrere ungepaarte (= freie) Elektronen besitzen. Da einsame Elektronen bestrebt sind, ein Elektronenpaar zu bilden, lösen sie häufig eine Kettenreaktion aus, der dann wichtige zelluläre Verbindungen zum Opfer fallen. Besonders gefährlich ist auch ihre Fähigkeit, die DNS anzugreifen und zu zerstören, denn damit tragen sie unter anderem zur Entstehung von Krebs bei.

Frostspanner Unscheinbare, mottenähnliche, meist nachtaktive Schmetterlinge, die als Obstschädlinge in Erscheinung treten. Die Larven bilden um die Knospen und jungen Blätter der Pflanze ein feines Gespinst, das einen Schutz vor Fressfeinden bieten soll. Auf Obstplantagen werden Leimringe angebracht, um einen Befall zu verhindern.

Funktionelle Lebensmittel sind Lebensmittel, die bestimmte Körperfunktionen positiv beeinflussen sollen. Die bekanntesten funktionellen Lebensmittel sind pro- und präbiotische Molkereierzeugnisse, ACE-Getränke und Lebensmittel mit Omega-3-Fettsäuren oder Phytosterinen.

Gärung Es gibt zwei wichtige Arten der Gärung. Bei der Milchsäuregärung verwandeln die Milchsäurebakterien den (Milch-)Zucker in Milchsäure. Die alkoholische Gärung hingegen verwandelt Zucker mittels Hefen in Alkohol (Ethanol) und Kohlendioxid. Sie wird von unterschiedlichen Faktoren beeinflusst: z.B. von der Temperatur (22 bis 27 Grad sind optimal), von der Art der verwendeten Hefen oder von Lufteinfluss – ein Gäraufsatz ermöglicht den Austritt von Kohlendioxid und verhindert zugleich den Zutritt von Luft.

Gerbstoffe Therapeutisch wirksame Stoffe in (Heil-)Pflanzen, die adstringierend (zusammenziehend), antibakteriell, antiviral sowie entzündungshemmend wirken. Sie können zum Beispiel bei Verletzungen Bakterien abtöten. Weintrauben, Heidelbeeren und Aronia sind stark gerbstoffhaltig.

Hochstamm Starkwüchsiger Baum mit geradem, fehlerfreiem Stamm mit einer Ansatzhöhe der Krone von mind. 1,60 – 1,80 m.

Kernobstgewächse *lat. maloidae*, Unterfamilie der Rosengewächse. Die Früchte sehen immer Äpfeln ähnlich. Bekannte Vertreter sind Äpfel, Birnen, Quitten und Apfelbeeren.

Korrekturschnitt Der Korrekturschnitt erfolgt, wenn sich in der Krone des Baumes unerwünschte oder ungünstige Formen ergeben.

Kulturobstarten Alle Obstarten, die landwirtschaftlich genutzt, also kultiviert werden. Die bekanntesten Vertreter sind: Äpfel, Birnen, Kirschen aber auch Südfrüchte wie Bananen oder Ananas.

Muttersaft ist der direkt, einmalig (nur eine Pressung) und ohne jegliche Zusätze gepresste Saft. Der Begriff Muttersaft deutet wörtlich genommen auf das Ursprüngliche der ersten Pressung hin. Der Muttersaft ist also der ursprünglichste Saft und somit der hochwertigste Direktsaft.

ORAC-Wert (Oxygen Radical Absorbance Capacity) Dieser Wert gibt den Grad an, in dem ein biologischer Stoff ein freies Radikal hemmt. Mit der Messung des ORAC-Wertes kann man feststellen, welche Lebens-/Nahrungsmittel besonders gute antioxidative Eigenschaften haben.

Oxidativer Stress Von freien Radikalen verursachte oxidative Reaktionen, die zu einer frühzeitigen Zellalterung führen und damit gesundheitsschädigend wirken. Oxidadativer Stress wird mit der Entstehung unterschiedlicher Erkrankungen, wie z.b. Herz-Kreislauferkrankungen oder Krebs in Verbindung gebracht. Antioxidantien steuern dem oxidativen Stress entgegen.

Pektine Diese pflanzlichen Zuckerarten wirken festigend auf Pflanzenbestandteile. Da der Mensch sie nicht verdauen kann, gehören sie zu den Ballaststoffen. Viel Pektin ist z.B. in Äpfeln und unreifen Früchten enthalten. Der Pektingehalt sinkt mit zunehmender Reife. Der Stoff wird auch zur Herstellung von Marmeladen verwendet und kann Gelatine ersetzen.

Photosynthese Im Rahmen der Photosynthese wandeln Pflanzen mit Hilfe des Sonnenlichtes Kohlendioxid aus der Luft und Wasser in Zucker und Stärke um. Diese Stoffe werden zur Energiegewinnung und Ernährung benötigt. Es entsteht Sauerstoff.

Polyphenole sind eine Gruppe sekundärer Pflanzenstoffe. Sie besitzen Schutzfunktionen für die Pflanzen (z.b. vor Fressfeinden oder Sonneneinstrahlung). Anthocyane gehören zur Gruppe der Polyphenole.
Einige Polyphenole gelten als förderlich für die Gesundheit, andere können aber auch toxische Wirkungen haben.

Procyanidine sind eine farblose Vorstufe der Anthocyanidine, die erst durch Sauerstoff zu diesen oxidiert werden. Procyanidine zählen zu den sekundären Pflanzenstoffen. Sie sind Gerbstoffe und verursachen den herben Geschmack der Aroniabeeren.

Proteine Sie werden auch Eiweiße genannt und sind ein Grundbaustein der Zelle. Hauptlieferant für Proteine in der Ernährung sind neben tierischen Produkten zum Beispiel Nüsse, Getreide und Hülsenfrüchte wie Bohnen oder Sojabohnen.

Radikalfänger Sie werden auch Antioxidantien genannt, da sie empfindliche Moleküle vor der Oxidation durch aggressive Sauerstoffverbindungen wie die freien Radikale schützen. Vitamin C und sekundäre Pflanzenstoffe wie die Anthocyane wirken als „Radikalfänger" und können damit zum Schutz vor oxidativem Stress beitragen.

Rosaceen *dt. Rosengewächse,* Pflanzenfamilie, die vorwiegend die gemäßigte Zone der Nordhalbkugel besiedelt. Etwa 100 Gattungen mit 3100 Arten sind weltweit bekannt. Rosaceen treten in verschiedener Gestalt auf. Es gibt Bäume, Sträucher und Kräuter. Die Rosengewächse haben zahlreiche Obstsorten wie Apfel, Birne, Pflaume, Kirsche, Pfirsich, Aprikose, aber auch Erdbeere, Himbeere, Brombeere und auch die Aronia hervorgebracht.

Saft/Nektar Saft ist in Deutschland ein gesetzlich festgelegter Begriff. Nur Getränke, die zu 100 % aus Fruchtsaft und -fleisch der entsprechenden Früchte bestehen, dürfen diese Bezeichnung tragen. Fruchtnektare erfordern einen Fruchtgehalt zwischen 25% und 50%. Der Rest wird von mit Zucker oder Süßstoff versetztem Wasser ausgemacht.

Sekundäre Pflanzenstoffe Viele verschiedene chemische Verbindungen, die ausschließlich in Pflanzen vorkommen. Sie dienen im Gegensatz zu den primären Pflanzenstoffen nicht dem Wachstum, sondern erfüllen verschiedenste Aufgaben als Farbstoffe, Geruchsstoffe, Abwehrstoffe, aber auch als

Wachstumsregulatoren. Viele dieser Stoffe haben positive Wirkungen auf die menschliche Gesundheit. Die meisten sekundären Pflanzenstoffe sind allerdings noch nicht richtig erforscht.

Selbstbefruchtung oder *Autogamie*, Befruchtung einer Pflanzenart innerhalb der gleichen Pflanze mit den eigenen Pollen. Selbstbefruchtende Pflanzen sind „einhäusig", d.h. auf ihr sind männliche und weibliche Blüten getrennt voneinander vorhanden.

Sorbit findet als Zuckeraustauschstoff (Süßstoff) Verwendung. Es handelt sich um ein Kohlenhydrat, das süß schmeckt. Der Name stammt von *Sorbus* / Eberesche, da Sorbit ursprünglich aus den Früchten dieses Baumes gewonnen wurde. Sorbit kann in größeren Mengen abführend wirken.

Sorte/Art Sorten unterscheiden Varianten einer Kulturpflanzenart. Eine Art kann verschiedene Sorten hervorbringen. Sorten entstehen durch Züchtung und unterscheiden sich anhand verschiedener Merkmale wie Größe, Farbe, Ertrag usw. von anderen Sorten der gleichen Art.

Das Bundessortenamt kann nach Prüfung der Merkmale die Sortenzulassung und den Sortenschutz erteilen. Vorher kann das Saatgut einer neuen Sorte nicht offiziell in den Handel gelangen. Das Zulassungsverfahren ist relativ aufwändig.

Steckling Möglichkeit der künstlichen Vermehrung von Pflanzen. Praktisch aus jedem Teil (außer den Blüten) bestimmter Pflanzen lässt sich so eine weitere Pflanze ziehen. Ein Teil der Mutterpflanze wird in die Erde gesteckt, um hier selbst Wurzeln zu schlagen. Dabei muss auf einige Dinge, wie beispielsweise auch Hygiene geachtet werden.

Strauch Gehölze ohne Stamm als Hauptachse. Sie können eine Höhe von bis zu 10 Metern erreichen.

Veredelung Methode der künstlichen Vermehrung von Pflanzen. Beim Veredeln werden zwei Teile von Pflanzen miteinander verbunden, um als eine Pflanze weiterzuwachsen. Es gibt zwei wichtige Methoden der Veredelung: Okulation (Augenveredelung, bei der eine Knospe in die einjährige Rinde der Mutterpflanze eingesetzt wird) und Pfropfen (dabei wird ein als Edelreis bezeichneter Zweig auf eine Unterlage gepfropft).

Verjüngungsschnitt Ältere Gehölze, die längere Zeit nicht geschnitten wurden, neigen zu unzureichender Neutriebbildung („Vergreisung"). Um diesem vorzeitigen Alterungsvorgang entgegen zu wirken, wird ein Verjüngungsschnitt vorgenommen, mit dem Ziel, dass auch die unteren Gehölzbereiche wieder gut belichtet und durchlüftet werden. Hierzu wird auch altes (Frucht-)Holz entfernt.

Wildobstarten Obstgehölze, die selten oder gar nicht kultiviert werden, da ihr möglicher anbaulicher Wert noch nicht entdeckt ist. Alle Kulturobstarten sind aus ursprünglichen Wildobstarten hervorgegangen. Besonders in Osteuropa bemühte man sich um die Kultivierung von Wildobst. Bekannte Wildobstarten sind Aronia, Eberesche, Holunder, Sanddorn und Felsenbirne.

10. Literatur

Auf dem deutschen Buchmarkt gibt es zahlreiche Publikationen, die sich mit dem Thema *Gesundheit und Ernährung* auseinandersetzen. Viele Arbeiten aus diesem Bereich sind aufgrund der rasanten Fortschritte in der Forschung bereits nach kurzer Zeit nicht mehr ganz aktuell. Eine Publikation ist aber in ihren Aussagen derart fundiert und aussagekräftig, dass wir sie hier weiterempfehlen möchten. Es handelt sich um das *Kursbuch gesunde Ernährung*. Zwar findet die Aronia in dem Buch keine Erwähnung, doch bietet es einen ausgezeichneten Überblick für all jene, die sich für gesunde Ernährung interessieren:

- Münzing-Ruef, Ingeborg: Kursbuch gesunde Ernährung. Die Küche als Apotheke der Natur, München, 2000, 8. Auflage

Hinsichtlich der Verwertung der Aronia lassen sich viele Rezepte aus „gängigen" Einmach-Büchern übertragen. Informieren Sie sich in Ihrer Buchhandlung. Besonders umfangreich und gelungen erschien uns das folgende Buch:

- Hofbauer, Hermine: Die Verwertung von Obst und Gemüse aus dem Garten. München, 2003, 3. Auflage

Speziell die Aronia wird in fünf Publikationen besonders gut beleuchtet:

- Beschreibende Sortenliste 1999. Wildobstarten. Hrsg.: Bundessortenamt (Bezug durch: Landbuch Verlagsgesellschaft mbH, Hannover, Tel.: (0511) 67806-222/223, Internet: http://www.landbuch.de
- Pirc, Helmut: Wildobst und seltene Obstarten im Hausgarten, Graz, 2009
- Schuricht, Werner; Gerhard Friedrich: Seltenes Kern-, Stein- und Beerenobst., Melsungen, 1989 (in der DDR erschienen und nur mehr antiquarisch verfügbar)
- Albrecht, H.-J.: Anbau und Verwertung von Wildobst. Braunschweig, 1993
- Zeithöfler, Andreas: Die obstbauliche Nutzung von Wildobstgehölzen. Diplomarbeit, eingereicht an der Fachhochschule Weihenstephan, 2001

11. Bezugsquellen

Aroniapflanzen kann man mittlerweile über ausgewählte Baumschulen und Internet-Versender beziehen, die teilweise auch ins Ausland liefern. Eine Auswahl:

Deutschland
- Aronia Original Naturprodukte GmbH, Könneritzstraße 7, D-01067 Dresden, Tel.: +49 (0) 351-334 438 5, www.aronia-original.de
- Ahrens + Sieberz GmbH & Co. KG, Seligenthal, Hauptstraße 440, D-53721 Siegburg, Tel.: +49 (0) 180-514 0 514, www.as-garten.de
- Ahornblatt GmbH, Untere Zahlbacher Str. 68, D-55131 Mainz, Tel.: +49 (0) 6131 723 54, www.ahornblatt-garten.de
- Späth'sche Baumschulen Handel GmbH, Späthstraße 80/81, D-12437 Berlin, Tel.: +49 (0) 30 636 694 1, www.spaethsche-baumschulen.de
- Baumschule Hofmann, Hauptstraße 36, D-91094 Langensendelbach, Tel.: +49 (0) 9133 468 7, www.baumschule-hofmann.de
- Baldur-Garten GmbH, Elbinger Str. 12, D-64625 Bensheim, Tel.: +49 (0) 1805 103 555, www.baldur-garten.de
- Artländer Pflanzenhof, Frank Müller, Im Zwischenmersch/Baumschulenweg, D-49610 Quakenbrück, Tel.: +49 (0) 5431 245 8, www.pflanzenhof-online.de

Schweiz
- Nuss und Wildfruchtspezialitäten, Veiko Hellwig, Weiherstr. 1, CH-8274 Gottlieben, Tel.: +41 (0) 71 669 105 3, www.baum-nuss.ch
- Wildobst- und Obstbaumschule im Albisbodenhof, Pavel und Antonia Beco-Rutz, Albisbodenhof, CH-9115 Dicken, Tel.: +41 (0) 71 377 192 4, www.albisboden.ch

Österreich
- Starkl Pflanzenversand GmbH, Neubrunn 1, A-3361 Aschbach Markt, Niederösterreich, Tel.: +43 (0) 7476 765 650, www.starkl.at

An **Aronia-Erzeugnissen** gibt es mittlerweile auch ein respektables Angebot, durch das man im Internet anschaulich surfen kann. Eine kleine Auswahl:
- www.aronia-original.de
- www.konfitee.de
- www.baum-nuss.ch
- www.obstchristandl.at
- www.bayronia.de
- www.bio-aronia-shop.de

Auch vor Ort in Apotheken, Reformhäusern, Bio- und Naturkostläden etc. halten Aronia-Erzeugnisse mehr und mehr Einzug.

Plantagen

Deutschland
- Aronia-Plantage des Biohofes Gottlöbergut, Dorfstraße 110, D-01833 Stolpen / OT Lauterbach, Tel.: +49 (0) 35973 294 78, www.projektleben.org
- Aronia Plantage Grossmann, Lars Grossmann, Marschweg 18, D-29690 Schwarmstedt, Tel. +49 (0)5071 511 586 9, www.aronia-plantage.de
- Stolle-Obst, Bernhard Stolle, Teichweg 6, D-02681 Schirgiswalde, Tel. +49 (0) 171 622 181 6, www.stolle-obst.de
- Aronia Plantagen Johann Hüttinger, Besserer 8, D-84533 Marktl / Inn, Tel.: +49 (0) 8678 919 465, www.bayronia.de
- Aronia Plantagen, Laubhof, Familie Pflüger, Hortweg 30, D-34471 Volkmarsen-Külte, Tel.: +49 (0) 5691 737 2, www.laubhof.de
- Obstbau GbR Volker Görnitz und Sohn, Cliebener Str. 99, D-01640 Coswig, Tel.: +49 (0) 3523 788 10, www.obstbaugemeinschaft.de

Schweiz
- Verschiedene Mitglieder im Verein IG Aronia Schweiz, www.aroniabeere.ch
- Berner Aronia, Walter und Rosemarie Bracher, Brunnen, CH-3465 Dürrenroth, Tel. +41 (0) 62 964 156 7, www.berneraronia.ch

Österreich
- Obst Christandl, Unterweißenbach 23, A-8330 Unterweißenbach, Tel.: +43 (0) 3152 210 7, www.obstchristandl.at

Initiativen
- Projekt Leben e.V., www.projektleben.de
- Arbeitsgemeinschaft Aroniabeere, www.aroniabeere.de
- Aronia-Projekt, www.aronia-projekt.de
- Verein IG Aronia Schweiz, www.aroniabeere.ch
- Aronia Saxonia, www.aroniasaxonia.de

12. Quellenverzeichnis

Literatur
- Albrecht, H.-J.(1993): Anbau und Verwertung von Wildobst. Braunschweig
- Ara, D.V. (2002): Schwarzfruchtige Aronia: Gesund - und bald „in aller Munde"? *Flüssiges Obst* 10, S. 653-658
- Bundessortenamt (Hrsg.;1999): Beschreibende Sortenliste 1999. Wildobstarten
- Bell, D. R., & Gochenaur, K. (2006). Direct vasoactive and vasoprotective properties of anthocyanin-rich extracts. *J Appl Physiol.* 100 (4), S. 1164-1170
- Burgerstein, L., et. al. (2007): Burgersteins Handbuch Nährstoffe. Vorbeugen und heilen durch ausgewogene Ernährung: Alles über Spurenelemente, Vitamine und Mineralstoffe, Stuttgart, 11. Auflage
- Denkow, Wesselin / Denkowa Rumjana (1995): Obst als Heilmittel und Kosmetikum. Gesundheit und Schönheit durch Gaben der Natur, Steyr
- Dreiseitel, A. et.al. (2008a): Anthocyanins and their metabolites are weak inhibitors of cytochrome P 450 3A4, in: Mol. Nutr. Food Res. 2008, 52, S. 1428-1433
- Dreiseitel, A. et.al. (2008b): Inhibition of proteasome activity by anthocyanins and anthocyanidins, in: Biochemical and Biophysical Research Communications 2008, 372, S. 57-61
- Dreiseitel, A. et.al. (2009a): sPhospholipase A2 is inhibited by anthocyanidins, in: J Neural Transm 2009, 116, S. 1071-1077
- Dreiseitel, A. et.al. (2009b): Berry anthocyanins and their aglycons inhibit monoamine oxidases A and B, in Pharmalogical Research 2009, 59, S. 306-311
- Dreiseitel, A. et.al. (2009c): Anthocyanins and anthocyanidins are poor inhibitiors of CYP2D6, in: Methods Find Exp Clin Pharmacol 2009, 31(1), S. 3-9
- Dreiseitel, A. et.al. (2009d): Berry anthocyanins and anthocyanidins exhibit distinct affinities for the efflux transporters BCRP and MDR 1, in: British Journal of Phamacology (BJP)
- Han, G.-L., Li, C.-M., Mazza, G., & Yang, X.-G. (2005): Effect of anthocyanin rich fruit extract on PGE2 produced by endothelial cells. *Wei Sheng Yan Jiu.* 34 (5), S. 581-584
- Hardin, J.W. (1973): The enigmatic chokeberries (Aronia, Rosaceae), Bull. Torrery Bol. Club (100), S. 178-184
- Hofbauer, H.(2003): Die Verwertung von Obst und Gemüse aus dem Garten, München
- Jeppsson, N. (2000): The Effect of Cultivar and cracking on Fruit quality in Black Chokeberry (Aro-

nia melanocarpa) and Hybrids between Chokeberry and Rowan (Sorbus), *Gartenbauwissenschaften* 65 (2), S. 93-98
- Kaak, Robert: Die kleine Schwarze aus Coswig. Aronia-Ernte hat begonnen – Bund finanziert Forschungsprojekt. In: Dresdner Neueste Nachrichten vom 11./12.08.07
- Kahkonen, M.P; Hopia, A.I. et. al. (2001): Berry phenolics and their antioxidant activity. *Journal of Agricultural and Food Chemistry* 49 (8), S. 4067-4082
- Korte, G. (2007): Flavonoid-induzierte Cytotoxizität, Neuroprotektion und Immunmodulation im Zellmodell. Dissertation an der Julius-Maximilians-Universität Würzburg, Fakultät für Chemie und Pharmazie
- Kulling, Sabine E.; Harshadai M. Rawel (2008): Chokeberry (Aronia melanocarpa) - A Review on the Characteristic Components and Potential Health Effects, Planta Med 2008; 74(13): 1625-1634
- Kurz, P.; Machtschek, M.; Iglhauser, B. (2001): Hecken. Geschichte und Ökologie, Anlage, Erhaltung und Nutzung, Graz und Stuttgart
- Lala, G., Malik, M., Zhao, C., He, J., Kwon, Y., Giusti, M. M., & Magnuson, B. A. (2006): Anthocyanin-rich extracts inhibit multiple biomarkers of colon cancer in rats. *Nutr. Cancer* 54 (1), S. 84-93
- Laux, H.(1981): Kochrezepte für Naturfreunde: Wildgemüse, Wildfrüchte, Gewürzkräuter. Erkennen, sammeln, zubereiten, Stuttgart
- Liebster, G.; Levin, H.G. (1999): Warenkunde Obst und Gemüse, Weil der Stadt, S. 55-56
- Lüdders, P.; Foltan, H. (1997): Einflüsse der N-Ernährung auf Wachstum, Ertrag und Anthocyangehalt von Aronia Melanocarpa bei unterschiedlichem Fruchtbehang. *1. Internationale Wildfruchttagung Berlin, Schriftenreihe des Fachgebietes Obstbau*, S. 97-100
- Lüder, R.(2006): Grundkurs Pflanzenbestimmung. Eine Praxisanleitung für Anfänger und Fortgeschrittene, Wiebelsheim
- Mayer, J.(2000): Essbare Wildkräuter und Früchte, Berlin
- Misfeldt, C. (2007): Gesundheitsfördernde Inhaltsstoffe der Aronia melanocarpa. Diplomarbeit an der Hochschule für Angewandte Wissenschaften Hamburg
- Mitschurin, I.W.(1951): Ausgewählte Schriften, Berlin
- Münzing-Ruef, I.(2000): Kursbuch gesunde Ernährung. Die Küche als Apotheke der Natur, München
- Ohgami, K., Ilieva, I., Shiratori, K., Koyama, Y., Jin, X.-H., Yoshida, K., Kase, S., Kitaichi, N., Suzuki, Y., Tanaka, T., & Ohno, S. (2005): Anti-inflammatory effects of aronia extract on rat endotoxin-induced uveitis. *Invest Ophthalmol Vis Sci.* 46 (1), S. 275-281
- Oszmianski, Jan; Wojdylo, Aneta (2005): Aronia melanocarpa. Phenole und ihre antioxidative Wirkung. Berlin / Heidelberg
- Pahlow, M.(1997): Kräuter und Wildfrüchte, München
- Peterek, S. (2004): Phenolische Inhaltsstoffe der Birne und ihre Bedeutung in der Resistenz gegen den Feuerbrand. Dissertation an der TU München, Wissenschaftszentrum Weihenstephan, Fachgebiet für Obstbau
- Pirc, H.(2002): Wildobst im eigenen Garten. Apfelbeere, Schlehdorn, Kornelkirsche & Co, Graz
- Rack, Christian (2006): Suche nach pflanzlichen Thrombininhibitoren – Gerbstoffe und Fettsäuren im Fokus. Marburg
- Reuss, P.(1995): Kochen mit Wildpflanzen, München
- Rice-Evans C.A., L. Packer (2003²): Flavonoids in Health and Disease, New York
- Robertson, K. R., J. B. Phipps, J. R. Rohrer, and P. G. Smith (1991): A synopsis of genera in Maloideae (Rosaceae). *Systematic Botany* (16), S. 376-394
- Runge, F.(1994): Die Pflanzengesellschaften Mitteleuropas, Münster
- Salas Kastilio, L. (1993): Aronia – Heilpflanze der Zukunft? In: H.-J. Albrecht: Anbau und Verwertung von Wildobst, Braunschweig, S. 93-101
- Sand, P.G. et.al. (2009): Cytochrome P 450 2C19 Inhibitory Activity of Common Berry Constituents, in: Phytotherapy Research 2009, online veröffentlicht unter www.interscience.wiley.com DOI: 10.1002/ptr.2910
- Sankevic, E.(1950): Die Arbeitsmethoden der Mitschurinschen Pflanzenzüchtung. Eine kritische Darstellung der Methoden und Anschauungen von I.W. Mitschurin und T.D.Lyssenko, Stuttgart
- Scheerer, F.(1948): Die Verwertung unserer Wildfrüchte, Berlin

- Scheibenpflug, H.(1979): Beeren, Wildobst, Wildgemüse, Innsbruck
- Schlechta, J.(1983): Köstliche Wildfrüchte und Wildgemüse, München
- Schmeil, O., Fitschen, J.(2003): Flora von Deutschland und angrenzenden Ländern, Wiebelsheim, 93.Auflage
- Schmidt, H.-P. (2009): Aronia – oder der Glaube an Wunder, in: Ithaka-Journal, online verfügbar unter: http://www.ithaka-journal.net/ (zuletzt aufgerufen am 06.12.09)
- Schuricht, W.; Gerhard F.(1989): Seltenes Kern-, Stein- und Beerenobst, Melsungen
- Seidemann, J. (1993): Die Aroniafrucht, eine bisher wenig bekannte Obstart. *Deutsche Lebensmittel-Rundschau* 89 (5), S. 149-151
- Tanaka, T.; Tanaka, A. (2001): Chemical Components and Characteristics of Black Chokeberry. *Nippon Shokuhin Kagaku Kogaku Kaishi* 48 (8), S. 606-610
- Valcheva-Kuzmanova, S., Marazova, K., Krasnaliev, I., Galunska, B., Borisova, P., & Belcheva, A. (2005): Effect of Aronia melanocarpa fruit juice on indomethacin-induced gastric mucosal damage and oxidative stress in rats. *Exp Toxicol Pathol.* 56 (6), S. 385-92
- Valcheva-Kuzmanova, S., Borisova, P., Galunska, B., Krasnaliev, I., & Belcheva, A. (2004): Hepatoprotective effect of the natural fruit juice from Aronia melanocarpa on carbon tetrachloride-induced acute liver damage in rats. *Exp Toxicol Pathol.* 56 (3), S. 195-201
- Wacker, Sabine (2004): Basenfasten plus – mit Schüßlersalzen sanft entsäuern, Stuttgart
- Wawer, Iwona (2006): Aronia melanocarpa. The Power of Nature, London, 2006
- Würth, Kirsten (2008): Untersuchung von Alterungsvorgängen phenolischer Inhaltsstoffe im Hinblick auf die Saftqualität und Festlegung des Mindesthaltbarkeitsdatums von roten Traubensäften (Vitis Vinifera) sowie Saft und Konzentrat der schwarzen Johannisbeere (Ribes nigrum L.) und der Aroniabeere (Aronia melanocarpa), Tönning
- Wu, X., Gu, L., Prior, R. L., & McKay, S. (2004): Characterization of anthocyanins and proanthocyanidins in some cultivars of Ribes, Aronia and Sambucus and their antioxidant capacity. *J Agric Food Chem.* 52 (26), S. 7846-7856
- Wu, X., Beecher, G. R., Holden, J. M., Haytowitz, D. B., Gebhardt, S. E., & Prior, R. L. (2006): Concentrations of anthocyanins in common foods in the United States and estimation of normal consumption. *J Agric Food Chem.* 54 (1), S. 4069-4075
- Zeitlhöfler, A. (2001): Die obstbauliche Nutzung von Wildobstgehölzen. Diplomarbeit an der FH Weihenstephan

Internet

- http://www.medizin-aspekte.de/09/06/ernaehrung/apfelbeere.html (über die Studie der Indiana University
- Borissova, P. et al.(1994): Antiinflammatory effect of flavonoids in the natural juice from Aronia melanocarpa, rutin and rutin-magnesium complex on an experimental model of inflammation induced by histamine and serotonin. Acta Physiol Pharmacol Bulg., Varna (im Internet veröffentlicht unter
  http:// www.ncbi.nlm.nih.gov)
- Gerhäuser, Clarissa(2001): Flavonoide und andere pflanzliche Wirkstoffe. Deutsches Krebsforschungszentrum Heidelberg
  http://www.dkfz-heidelberg.de

Hinweis

Alle Inhalte dieses Buches wurden gewissenhaft recherchiert (Stand: April 2010), alle Rezepte sorgfältig geprüft. Dennoch erfolgen alle Angaben in diesem Buch ohne Gewähr. Autoren und Verlag können in keinem Fall für das Gelingen der Rezepte garantieren. Ebensowenig können sie für eventuelle Schäden, die aus der Verwendung der Inhalte dieses Buches resultieren, irgendeine Haftung übernehmen. Bezugsquellen für Aronia-Pflanzen und Produkte sind in diesem Buch nur beispielhaft genannt, ohne Anspruch auf Vollständigkeit.

13. Rezepte- und Bildnachweis

Rezepte

S. 55-58: Sigrid Grün und Jan Neidhardt
S. 59-60: Veiko Hellwig, CH-Gottlieben
S. 61 oben: Bäckerei Derks, D-Kranenburg
S. 61 unten u. S. 62: Aronia Original, D-Dresden

Bilder

Aronia Original: Cover U1 u. gr. / 4 / 5 / 19 / 41 / 45 o.+u. / 50 re. / 52 / 53 / 61 u. /62 / 67 / 70 / 73 / 74 o.
Brönner, Markus: 57 u. / 58 / 74 m.
Christandl, Johannes: 24 li.+re. / 32 re.
Derks, Bäckerei: 61 o.
Geser, Susanne: 34 re. / 60 u.
Grossmann, Lars: 9 re. / 22 li.+re. / 39 / 40 li. / 43 / 68
Grün, Kuno G.: 57 o.+m.
Grün, Sigrid: 34 li. / 55 u. / 59 o.+u. / 60 o.
Hanika, Beate: 74 u.
Hellwig, Veiko: 26 li.+re. / 27 / 28 / 29 / 51 re.
Hüttinger, Johann: Cover U1 o. gr.+u. kl. / 9 li. / 12 / 20 / 21 / 30 / 63
Locher, S.: 44
Michurin, Iwan: 10 li.+re. + 13 li. (vgl. Bildtext) / 13 re. (aus: Ausgewählte Schriften, Berlin, 1951)
Neidhardt, Jan: 14 o. / 49 / 50 li. / 55 o. / 56 o.+u.
Schulten, Elmar: 23
Stolle, Bernhard: Cover hinten / 6/ 15 / 16 re. / 36 / 48
Walther, Kelterei: 8 / 11 / 16 li. / 18 li.+re. / 35 / 47 / 51 li.
Wittl, Herbert: 32 li.

Dank

Für unterschiedliche Unterstützung bei diesem Buchprojekt bedanken sich Autoren und Verlag bei Dr. med. Philipp Sand, Dr. Monika Offenberger, Bernhard Stolle, Hellmuth Schultz, Veiko Hellwig, Johannes Christandl, Johann Hüttinger, Bäckerei Derks, Kordes Jungpflanzen, Aronia Original – Ingmar Kaufmann, Jörg Holzmüller, Lars Grossmann, Rosemarie Grün, Johann Grün, Kuno G. Grün, Markus Brönner, Katja Klebe, Dr. Martin Link, Baumschulen Eggert, Kelterei Walther, Iryna Kandratovich und Anastasija Guzeva.

Autorenportrait

Jan Neidhardt wurde 1979 in Wilhemshaven geboren. 2005 schloss er in Oldenburg ein Studium der Biologie und Politik ab. Seit 2006 studiert er Vergleichende Kulturwissenschaft, Medienwissenschaften, Theologie und Geschichte in Regensburg. Im Sommer 2004 hatte er an einer mehrwöchigen biologisch-kulturwissenschaftlichen Expedition an den Baikalsee/Sibirien teilgenommen. Dort wurde sein Interesse für die russische Flora geweckt. Seither beschäftigt er sich intensiv mit der Ethnobotanik.

Jan Neidhardt

Sigrid Grün wurde 1980 in Rumänien geboren. Ihre Eltern weckten bereits früh das Interesse für Pflanzen und Naturheilkunde. Die Mutter ist ausgebildete Heilpraktikerin, der Vater Obstbauspezialist. Sie absolvierte eine Schauspielausbildung in Regensburg und studierte Deutsche Philologie, Philosophie und Vergleichende Kulturwissenschaft in Regensburg und Oldenburg. Derzeit promoviert sie in Vergleichender Kulturwissenschaft und studiert Bohemistik, Kunstgeschichte und Klassische Archäologie. Sie hat ebenfalls an der o. g. Baikalexpedition 2004 teilgenommen.

Sigrid Grün

Autorin und Autor leben mit ihren zwei Kindern in der Nähe von Regensburg.

Böfflamott & Hollerkoch
**Rezepte aus dem Dorfladen
von Gertrud Scherf und Anneliese Eggerstorfer**

ISBN 978-3-934941-30-4
Softcover 29,5 x 14 cm
106 Seiten
25 Zeichnungen und 93 Farbbilder
19,95 Euro [D]

Hasenöhrl und Krautknödl, Erdäpfelbratl und Reinfleck, Böfflamott und Hollerkoch. Die Autorinnen verraten 75 traditionelle Rezepte aus der Sammlung eines niederbayerischen Dorfladens, die über Jahrzehnte von den Kunden überliefert wurden. Fast vergessene Mahlzeiten kommen neu aufgekocht, schmackhaft und gesund auf den Tisch.
»Bodenständige Rezeptsammlungen, die noch von richtigen, tüchtigen Landköchinnen mit der Hand aufgeschrieben wurden. – Ein lebendiges Kochbuch ganz nach dieser Art. Jawohl, schon die Lektüre dieses liebevoll gemachten Buches ist himmlisch!« (Mittelbayerische Zeitung)

Kessel, Feuer, Zauberstecken
**Kochen mit Fuchs Rainer und Hexe Kathinka
von Gertrud Scherf**

ISBN 978-3-934941-35-9
Hardcover 30 x 23 cm
97 Seiten
47 Farbillustrationen
22,00 Euro [D]

Pommes mit Ketchup sind schon o.k. ... hin und wieder! Aber gesunde Ernährung sieht anders aus! Wie man mit Spaß und Freude Hexen-Pfannkuchen, Kürbissuppe nach Gespensterart, Vampir-Salat und vieles mehr gemeinsam zubereitet, das präsentiert Rainer, der bei der guten Hexe Kathinka das Zaubern in der Hexenküche gelernt hat.
»Immer wird auf den Nutzen und eventuelle Gefahren beim Zubereiten hingewiesen und auf das Wunder, wenn durch Hitze und Gewürze aus den Zutaten eine leckere Mahlzeit wird. – Kann überall empfohlen werden!« (Medienprofile)

www.editionbuntehunde.de

Flotte Lotte – Kalter Hund.
In der Küche geht es rund!

Geschmackvolle Gedichte von Regina Schwarz, trefflich ins Bild gesetzt von Egbert Herfurth.

ISBN 978-3-934941-62-5
Softcover 20 x 14,5 cm
70 Seiten
36 Farbillustrationen
14,80 Euro [D]

Mit ihrem unvergleichlichen Humor prägnanter Poesie serviert Regina Schwarz 30 Küchengedichte à la minute. Egbert Herfurth setzt sie feinsinnig und mit routinierter Hand brillant in Szene. – Ein wahrer Genuss für alle Krümelpicker, Naschkatzen und Töpfegucker!
»Alle Küchenhocker werden die Gedichte prächtig amüsieren, zumal der preisgekrönte Illustrator aus Leipzig seinen zeichnerischen Humor obendrauf gepackt hat!« (Freie Presse Chemnitz)

Im Land des Kohls
von Lutz Rathenow

ISBN 978-3-934941-36-6
Softcover 28 x 20 cm
40 Seiten
19 Farbillustrationen
13,90 Euro [D]

Grün, weiß, braun, rot, spitz oder rund, die vielen Facetten des Kohls, die dennoch meist im faden Eintopf enden, mochten Lutz Rathenow 1982 zu seiner Groteske animiert haben. Ihre heutige Lektüre eröffnet ein weites Spektrum der Interpretation. Die DDR-Staatssicherheit fühlte sich verunglimpft und verbot den Text. Im Westen deutete ihn mancher als politische Satire auf Kanzler Kohl.
»Der Autor wählt einen humorvollen, kindlichen Ton, der die Idiotie von totalitärem Kontrollwahn und absolutistischer Zentralgewalt amüsant bloß stellt.« (Ostthüringer Zeitung)

www.editionbuntehunde.de